권위

AUTHORITY

by D. Martyn Lloyd-Jones

Copyright © 1958 D. Martyn Lloyd-Jones
Originally published in U.K. by Inter-Varsity Press,
38 De Montfort Street, Leicester LE1 7GP.
All rights reserved.

Korean Edition published by Word of Life Press, Seoul 1978, 2002, 2014.
Translated and published by permission. Printed in Korea.

마틴 로이드존스 **권위**

© **생명의말씀사** 1978, 2002, 2014

1978년 4월 20일 1판 1쇄 발행
1999년 12월 20일   14쇄 발행
2002년 9월 5일 2판 1쇄 발행
2014년 5월 28일 3판 1쇄 발행
2025년 8월 7일   4쇄 발행

펴낸이 | 김창영
펴낸곳 | 생명의말씀사

등록 | 1962. 1. 10. No.300-1962-1
주소 | 서울시 종로구 경희궁1길 6 (03176)
전화 | 02)738-6555(본사) · 02)3159-7979(영업)
팩스 | 02)739-3824(본사) · 080-022-8585(영업)

기획편집 | 유선영, 홍경민, 장주연
디자인 | 송민재
인쇄 | 주손디앤피
제본 | 주손디앤피

ISBN 978-89-04-03145-0 (03230)

저작권자의 허락없이 이 책의 일부 또는 전체를
무단 복제, 전재, 발췌하면 저작권법에 의해 처벌을 받습니다.

마틴 로이드존스

권위

Authority

생명의말씀사

서론

오늘날의 종교적 상황을 돌아보면 권위의 문제야말로 우리가 당면한 가장 중요한 문제라는 사실을 깨닫게 된다. 우리는 이 문제에 대해 신중하게 살펴볼 필요가 있다. 교회가 전 세계적으로 이 지경에 이른 것은 의심할 여지없이 그 권위를 상실했기 때문이다. 우리는 수많은 사람들이 여전히 교회 밖에 있는 현실을 직면하고 있다. 그렇게 된 데는 교회가 어떤 식으로든 그 권위를 상실했기 때문이라고 생각한다. 이제 사람들은 더 이상 교회가 전하는 메시지에 귀를 기울이거나 관심을 갖지 않는다.

오늘날 많은 교회가 땅에 떨어진 권위, 잃어버린 무언가를 찾고자 열심히 이런저런 활동을 한다. 그러나 여러 교단과 단체들이 겉으로만 그럴듯한 대용물을 만들어 냈고 복음주의 진영도 마찬가지다.

내가 권위의 문제를 다루고자 하는 이유는 첫째, 바른 권위의 회복 문제와 함께 현 세대의 여러 운동들이 성공한 이유가 권위를 내세웠기 때문이라고 생각하기에 그 부분을 짚고자 함이다.

로마 가톨릭교회가 지닌 힘의 비결은 의심할 여지없이 그 권위를 주장한 데 있다. 사람들은 로마 가톨릭교회가 권위를 지니고 있다고 믿는다. 이것은 가난하고 무지한 사람들만이 아니라 지성인이자 삶의 모든 문제와 싸워 왔으나 만족을 찾지 못한 사람들도 마찬가지다. 사람들은 가톨릭교회가 하는 말을 모두 이해하지는 못하고 그것이 진정 어렵지만 가톨릭교회가 수세기에 걸쳐 전수하고 있는 전통이 위대하다고 인정한다. 따라서 가톨릭교회가 선언하는 것을 그저 순순히 믿으려 한다.

오순절 교파의 성공도 같은 이유라고 생각한다. 오순절 운동 안에는 일종의 확신, 즉 권위적인 특징이 나타나기 때문이다. 이러한 현상은 성공 요인이 자기가 가진 이런저런 모양의 권위에 있다고 주장하는 여러 이단 종파에게 있어서도 마찬가지다. (더 나아가 권위의 성격에 대한 의문이 세계교회협의회나 세계기독학생연맹 등에 의해 날카롭게 제기되고 있다.) 오늘날 이런 질문은 자주 제기된다.

"궁극적인 권위란 과연 존재하는가?"

"궁극적인 권위는 어디서 나오는가?"

"진리를 알릴 수 있는가?"

"진리를 정의 내릴 수 있는가?"

"진리를 많은 명제로 표현할 수 있는가?"

내가 보기에 이 모든 질문의 배후에는 다음과 같은 암시가 깔려 있는 듯하다.

"진리는 너무나도 위대하고 기이해서 정의 내릴 수 없다. 따라서 이 견해는 옳고, 저 견해는 틀렸다고 단정하는 것은 불가능하다."

그 결과 대부분의 사람들은 객관적인 권위 따위는 존재하지 않는다고 믿는다. 어떤 이는 "진리는 신조나 신앙고백으로 표현되거나 정의될 수 있다"는 주장을 거부하며 다음과 같이 덧붙이기도 했다.

서론 7

"어떤 사람이 산꼭대기에 올라가면 굉장한 광경을 보게 될 거란 말을 들었다. 놀랍고 기이한 전경이 쫙 펼쳐질 거라고 했다. 그는 그 광경이 너무나 보고 싶었다. 그래서 산을 오르기 시작했고, 계속해서 올라갔다.

밝은 태양 빛이 내리쬐었다. 그는 타는 듯한 더위 속에서도 계속 올라갔다. 경사가 너무 급해 기어 올라가야 했다. 험한 바위산을 오를 때는 작은 풀포기에 매달리지 않으면 안 되었다. 그러나 그럴 만한 가치가 있는 일이었다. 손과 무릎에 피를 흘리면서 고투했지만, 산꼭대기에 올라 장관을 보겠다는 목표가 그로 하여금 계속 나아가게 만들었다.

드디어 정상에 도달했다. 기가 막힌 광경이 눈앞에 펼쳐졌다. 이 장관을 어떻게 표현할 수 있을까? 어떤 명제나 원리로 표현할 수 있을까? 불가능하다! 너무나 웅대하고 장엄한 광경에 그저 눈을 동그랗게 뜨고 입을 벌린 채 넋을 잃을 뿐이다.

그는 산에서 내려온 뒤 자신이 보고 느낀 바를 글로 온전히 표현할 수 없을 것이다. 분명히 그 광경에 대해 정의 내릴 수 없을 것이다. 그것은 불가능하다!

우리는 장미의 향기를 분석할 수 없듯 위대하고 영광스러운 진리를 어떤 말이나 명제로 표현할 수 없다. 달리 말하면, 그것은 다만 경험되거나 느껴지는 그 무엇일 뿐이다. 당신은 그 광경에 춤을 출 수도 있고, 노래를 부를 수도 있다. 그러나 그것을 명제들로 표현할 수는 없다. 그것을 정의하기란 불가능하다. 그것을 신조로 바꾸는 것은 불가능한 일이다."

이것이 바로 복음주의자들이 맞서야 할 주요 입장이다. 한때 우리는 절대적인 부정과 맞닥뜨렸다. 그러나 지금은 입장이 달라졌다. 기독교 진리를 일방적으로 부인하는 것이 아니라 "이것도 옳고 저것도 틀리지 않다", "둘 다 옳을 수도 있다"고 주장하는 이들. 그들은 정상에 오르는 길(즉 진리에 도달하는 길)이 여럿 있으니 그 모든 접근 방법을 다 받아들여야 한다고 말한다. 우리가 가는 길로 가지 않는다고 해서 "저 사람에게는 진리가 없다"고 말해서는 안 된다고 하는 이들에게 우리는 어떤 답을 줄 수 있을 것인가?

여기서 권위의 문제를 고찰하게 된 또 하나의 이유는 부흥을 간절히 바라는 마음 때문이다. 교회사를 연구하거나, 특별히 위대한 부흥 운동과 영적 각성이 일어났던 시대들을 연구해 보면 하나의 사실이 입증된다. 그것은 그 기간 동안 교회가 언제나 권위를 가지고 발언해 왔다는 사실이다. 모든 부흥 운동에서 가장 두드러진 특징은 설교자의 권위였다. 설교자가 하나님의 대리자로서 선포한 말씀에는 새롭고, 특별하며, 저항할 수 없는 무언가가 있었다.

마지막으로, 권위의 문제 자체가 성경의 주요 요점이기 때문이다. 성경은 스스로를 '권위 있는 책'이라고 제시한다.

이 생각들을 염두에 두고 권위의 문제를 살펴보자. 우리는 이어지는 장들에서 예수 그리스도의 권위, 성경의 권위, 그리고 성령의 권위에 대해 고찰해 볼 것이다.

목차

서론 _5

Chapter 1 **예수 그리스도의 권위** _15

예수 그리스도, 최상의 권위 | 복음서에 나타난 그리스도의 권위 | 다른 신약성경 저자들의 증거

Chapter 2 **성경의 권위** _53

신약 메시지의 배경 | 성경의 권위에 대한 공격 | 바른 접근 방법 | 성경의 유일성 | 성경 자체의 주장 | 주님의 가르침 | 구약에 대한 신약의 태도 | 사도들의 권위

Chapter 3 **성령의 권위** _109

권위를 되찾으려는 교회의 시도 | 예수님의 삶 가운데 나타난 성령의 권위 | 신자의 삶 가운데 나타난 성령의 권위 | 교회에서의 성령의 권위

Chapter 1

예수 그리스도의 권위

인간은 만족을 모르는 불행한 피조물이다. 사람들은 너무 광대해서 이해되지 않는 세상, 절망할 수밖에 없는 세상에 살고 있다. 우리는 수많은 문제들, 즉 개인적인 문제, 사회적인 문제 등 너무나도 많은 문제들에 둘러싸여 있다. 이 세상은 혼란과 소란 투성이다.

그럼에도 사람들은 그 내면에 하나님에 대한 의식을 소유하고 있다. 그것을 부인하든, 그렇지 않든 간에 말이다. 그들은 모든 것이 마땅히 있어야 할 자리에 있지 않다고 느끼고, 자신이 좀 더 위대한 존재가 되어야 한다고 느낀다.

사람들은 또한 '무언가 존재한다', '누군가 존재한다'고 느낀다. 여러 세기를 통해 볼 때 사람들의 전반적인 문제는 그러한 궁극적인 진리와 궁극적인 존재에 대해 알고자 '스스로' 노력해 왔다는 데 있다. 사람들은 항상 어디엔가 그 해답이 있으리라 여긴다. 그래서 그들은 다음과 같이 끊임없이 질문했다.

"만일 하나님이 존재하신다면 그분은 알려질 수 있는가?"

"만일 궁극적인 진리가 반드시 존재한다면 어떻게 그 진리에 도달할 수 있는가?"

그리고 이에 대한 해답을 여러 방법으로 찾아내려 했다. 어떤 사람은 그것이 본능이며, 사람들이 하나님을 발견하고 진리를 찾기 위해서는 자신의 내면으로 향해야 한다고 말했다. 이것이 바로 '내적 빛'이라는 교리, 또는 이른바 신비주의자들의 방법이다. 그들은 "추측하지 말라. 이해하려 들지도 말라", "명상을 통해 당신의 내면 깊숙이 들어가라. 그러면 신을 발견하게 될 것이다"라고 말한다. 이러한 접근 방식은 오늘날 여러 형태로 나타나 있으므로 따로 언급할 필요가 없다. 그들은 모두 신을 추구하는 동시에 확신을 추구한다는 공통점을 가지고 있다.

반면에 이 문제를 순수 이성과 지혜의 문제라고 주장하는 사람들이 있다. 그들은 반드시 과학적으로 관찰해야 한다고 주장한다. 즉 밖에 나가서 자연을 관찰해 질서와 계획을 주의해서 본 뒤 자신의 주장을 펼쳐야 한다고 말한다. 또는 역사를 자세히 살펴보면 어떤 일관된 흐름, 계획, 또는 목적을 발견하게 되는데, 이 모든 것의 배후에 어떤 이지적인 존재가 반드시 있을 것이라고 말한다. 이것이 바로 철학과 이성의 접근 방식이다. 그러나 언제든 이 방식은 실패하게 되어 있다.

전도서는 이러한 입장을 완벽하게 묘사하고 있다. 거기서 우리는 이 모든 방법을 시도해 본 지혜자가 내린 결론을 읽을 수 있다. 그는 학식이 있었고, 당대 최고의 교육을 받은 사람이었다. 그런 그는 부와 쾌락을 시험해 본 것처럼 지혜를 시험해 보았고, 이 문제에 대한 여러 접근 방식을 따라 보기도 했다. 그러나 언제나 같은 지점으로 되돌아왔다.

"헛되고 헛되며 헛되고 헛되니 모든 것이 헛되도다"(전 1:2).

지혜자라면 최정상에 도달했을 것이라고 생각할지 모르겠다. 그러나 그는 어느 순간, 자신이 어떤 원에 갇혀 같은 길을 되풀이하며 오가고 있다는 사실을 발견하고는 소리쳤다.

"모든 일은 돌고 돈다!"

우리 스스로의 노력으로는 결코 궁극적인 지식에 도달하지 못한다. 사도 바울은 특유의 예리함으로 이 사실을 다음과 같이 요약해서 진술했다.

"이 세상이 자기 지혜로 하나님을 알지 못하므로"(고전 1:21).

세상은 여전히 자기 지혜로 하나님을 알지 못한다. 아무리 힘쓰고 애써도 거기에 도달할 수 없다. 이것은 두 가지 이유로 불가피하다. 첫째, 하나님은 하나님이시기 때문이다. 그분은 영원하시며, 위엄과 능력이 무한하시며, 무엇보다도 거룩하시다. 둘째, 인간은 유한할 뿐 아니라 죄인이기 때문이다. 원칙적으로, 인간은 도저히 하나님을 이해할 수 없다. 그것은 전혀 불가능한 일이다.

그러면 어떻게 해야 하는가? 인간은 자신의 부족함을 깨닫고, "저는 한낱 어린아이에 지나지 않습니다" 하고 깨닫는 데까지 이르지 않으면 안 된다. 인간이 무엇을 할 수 있겠는가?

하나님이 자비와 은혜와 사랑으로 자신을 계시하지 않으시면 인간에게는 소망이 없다. 하나님은 이 사실을 분명히 하셨다. 어떤 탐구자라 할지라도 우리의 이성에 한계가 있다는 이 견해에 이르기 전에는 사실상 토론의 근거 자체를 얻을 수 없다. 프랑스의 위대한 수학자이자 과학자인 파스칼의 말을 들어 보자.

"이성이 이룰 수 있는 최고의 업적은 우리로 하여금 이성에 한계가 있다는 사실을 깨닫게 하는 것이다."

바로 여기가 출발점이다. 당신의 이성과 지성을 사용해 보라. 정직하게 시도해 보면, 이성에는 한계가 있다는 결론에 도달할 것이다. 그러고 나서 기다리라. 하나님이 바로 그 자리에서 무한한 은혜와 자비를 베푸셔서 계시로 우리를 만나 주실 것이다.

예수 그리스도, 최상의 권위

그리스도인인 우리는 계시라는 이 커다란 주제에 접근하는 즉시 예수 그리스도라는 위대하고 중요한 사실에 도달하게 된다. 하나님은 다른 방법을 통해서도 자신을 계시하셨다. 자연을 통해 그분 자신을 계시하셨는데, 사도 바울은 로마서 1장 20절에서 우리가 자연 속에서 하나님을 보지 못했다고 핑계할 수 없다는 사실을 논증한다.

"창세로부터 그의 보이지 아니하는 것들 곧 그의 영원하신 능력과 신성이 그가 만드신 만물에 분명히 보여 알려졌나니 그러므로 그들이 핑계하지 못할지니라"(롬 1:20).

그러나 우리는 죄 때문에 자연 속에서 하나님을 있는 그대로 보지 못한다. 자연에 계시가 존재함에도 불구하고 그것을 보지 못하는 것이다. 하나님은 역사 속에서도 자신을 계시하셨고, 더 나아가 구약의 열조들에게 여러 모양으로 스스로를 계시하셨다.

그러나 그리스도인인 우리는 무엇보다 주 예수 그리스도라는 매우 중요한 사실에서 출발해야 한다. 사실 성경은 다 예수님에 관한 것이다. 구약은 예수님을 바라본다. 즉 "어떤 분이 오시리라"고 말한다. 이 약속은 어떤 곳에서는 모호하고 막연하고 불명확한 반면에, 어떤 곳에서는 좀 더 명백하고 구체적이다.

여하튼 약속이 존재한다. 하나님이 어떤 일을 하려고 하신다. 그리고 어떤 분이 오실 것이다. 드디어 그분의 음성이 들릴 것이며, 어떤 권위 있는 분이 말씀하실 것이다. 구약의 태도에 대해 말하자면, 마치 까치발을 한 채 기대하는 마음으로 기다리는 모습과 같다. 물론 신약을 봐도 예수님에 관한 내용으로 가득 차 있음을 발견하게 된다.

이 시점에서 나는 모든 것을 좀 더 실제적으로 나타내기 위해 다음의 사실을 강조하고자 한다. 사도 바울(설교, 가르침, 전도에 있어서 그는 우리의 위대한 본보기다)은 고린도에 갔을 때 어떤 결단을 내렸다. 이유가 무엇인지는 모르지만 그는 "예수 그리스도와 그가 십자가에 못 박히신 것 외에는 아무것도 알지 아니하기로"(고전 2:2) 엄숙히 작정했다. 이것은 사도 바울이 강한 의지로 내린 신중한 결정이었다.

다시 말해, 바울은 사람들과 기본적인 전제들에 관해 논쟁함으로써 시간을 허비하지 않기로 결정했다. 철학적인 논쟁에서 출발해 점차 그들을 진리 가운데로 이끄는 방법을 선택하지 않았다. 그는 주 예수 그리스도를 권위 있게 선포하는 것으로 시작했다.

> "어리석도다 갈라디아 사람들아 예수 그리스도께서 십자가에 못 박히신 것이 너희 눈앞에 밝히 보이거늘 누가 너희를 꾀더냐"(갈 3:1).

여기서 사도 바울은 더욱 강경하게 말하고 있다. 즉 십자가에 못 박히신 그리스도를 갈라디아 교인들의 눈앞에 밝히 드러내 상기시키고 있다. 마치 광고하는 사람처럼, 플래카드를 들고 다니는 사람처럼 말이다. 바울은 갈라디아서에서도 예수 그리스도로부터 출발했다.

나는 오늘날 우리가 이러한 관점을 다시 회복하기를 간절히 바란다. 지난 20-30년간 변증학이 기독교에 해를 끼치지 않았다고 확신할 수가 없다. 변증학이 필요하지 않다는 말은 아니다. 다만 우리가 바울처럼 그리스도께서 십자가에 못 박히신 것 외에는 아무것도 알지 않기로 결심하는 대신, 일종의 세상

지혜를 가지고 변증학적 근거로 세상에 접근하려 하고 있음을 지적하고 싶은 것이다. 바울은 우리를 향해 그리스도를 위해 어리석은 자가 되라고 말한다.

> "너희 중에 누구든지 이 세상에서 지혜 있는 줄로 생각하거든 어리석은 자가 되라 그리하여야 지혜로운 자가 되리라"(고전 3:18).

우리는 그리스도를 주장하며, 그리스도를 선포하고, 그리스도로부터 출발한다. 그리스도야말로 궁극적이고 최종적인 권위이시기 때문이다. 우리는 예수 그리스도라는 사실에서 출발해야 한다. 왜냐하면 그분은 진정 우리의 중심에 계시며, 또한 우리의 모든 것이 그분께 달려 있기 때문이다.

흥미롭고도 다소 의아한 점은 많은 복음주의자들이 이 사실을 망각한 것처럼 보인다는 것이다. 우리가 성경에 익숙해진 탓인지도 모르겠다. 우리는 나무를 보느라 숲을 보지 못하는 잘못을 범하고 있다. 나는 오늘날 우리가 당면하는 문제의 대부분이 너무 이차적인 세부 항목에 몰두하느라 전체적인 그림을 놓쳐서 생긴 것이라고 확신한다. 세부적인 것에 흥미를 갖느라 전체를 보지 못하는 것이다. 만약 우리가 뒤로 물러서서 신약과 성경 전체를 새로운 눈으로 바라본다면 신약 전체에서 말하는 가장 중요한 주장이 '예수 그리스도의 최상의 권위'라는 사실에 놀라게 될 것이다. 만일 신약성경이 예수 그리스도에 대해 말하지 않는다면 그 말씀은 우리에게 아무런 유익이 없다.

복음서에 나타난 그리스도의 권위

예수 그리스도의 권위가 궁극적이며 최상의 권위라는 이 중대한 주장이 신약성경에 제시된 사례를 간단히 살펴보자. 신약성경이 모든 책의 서두에서 이 사실을 어떻게 주장하고 있는지 주의해서 살펴보는 것은 흥미로운 일이다.

마태복음 1장 23절을 예로 들어 보자. 지금 이 일이 일어나고 있는 것은 "보라 처녀가 잉태하여 아들을 낳을 것이요 그의 이름은 임마누엘이라 하리라 하셨으니 이를 번역한즉 하나님이 우리와 함께 계시다 함이라"(마 1:23)라는 말씀이 이루어지기 위해서라고 성경은 말한다. 아울러 마리아에게 나타난 천사는 거룩한 이, 즉 그녀에게서 태어날 아기에 대해 "그 나라가 무궁하리라"(눅 1:33)라는 놀라운 진술을 한다. 그 아기가 우주의 영원한 주가 되실 것이라는 선포였다. 그러고 나서 다 아는 바와 같이 목자들에게 나타나 "오늘 다윗의 동네에 너희를 위하여 구주가 나셨으니 곧 그리스도 주시니라"(눅 2:11)라고 말했다. 이 말들이 바로 복음서 서두에 기록되어 있다. 우리가 성경에 너무 익숙해진 탓에 이 놀랄 만한 사실들을 간과하다니, 얼마나 슬픈 일인가!

복음서는 명확하고 의도한 목적을 염두에 두고 쓰였다. 즉 단순한 기록이나 사실들을 수집하기 위해 쓰인 것이 아니다. 복음서에는 전혀 문제가 없으며, 어떤 특별한 견해, 즉 예수 그리스도를 주님으로, 궁극적인 권위로 제시하고 있다.

세례 요한의 메시지 역시 본질적으로 동일하다. 세례 요한은 요단 강에서 백성들에게 설교와 세례를 베푼 후 홀로 서서 백성들이 수군거리는 소리를 듣고 있었다.

"세례 요한이야말로 틀림없이 그리스도일 거야. 그처럼 설교하는 것을 들어 본 적이 없어. 자네는 세례 요한의 얼굴을 봤을 때 그의 권위를 느끼지 못했나? 그는 우리가 고대하던 메시아가 틀림없어."

그러나 세례 요한은 사람들을 향해 돌아서서 "나는 그리스도가 아니다"라고 말했다.

"나는 물로 너희에게 세례를 베풀거니와 나보다 능력이 많으신 이가 오시나니 나는 그의 신발 끈을 풀기도 감당하지 못하겠노라 그는 성령과 불로 너희에게 세례를 베푸실 것이요 손에 키를 들고 자기의 타작마당을 정하게 하사 알곡은 모아 곳간에 들이고 쭉정이는 꺼지지 않는 불에 태우시리라"(눅 3:16-17).

그는 주저하지 않고 딱 잘라 말했다.
"나는 그리스도, 즉 권위 있는 메시아가 아니다. 나는 예비하는 자다. 메시아보다 앞서 와서 예언하는 자다. 권위를 가지신 분이 이제 곧 오실 것이다."

여기에서도 요점은 우리 주님의 권위를 주장하는 데 있다. 복음서는 주님이 권위를 가지신 분이라는 사실을 계속해서 알려 주고자 무척이나 고심하고 있는 듯 보인다.

그다음으로 복음서가 강조하고 있으며, 권위의 문제에 있어서 핵심이 되는 내용이 있다. 예수님이 세례를 받으실 때였다.

그분은 스스로를 낮추고 세례 요한에게 세례를 받으셨다. 예수님은 모든 사람과 다름없는 인간, 즉 죄인처럼 보이셨다. 왜냐하면 다른 사람들처럼 세례를 받으셔야 했기 때문이다.

그러나 예수님이 물에서 나오시는 바로 그 순간, 성령께서 비둘기처럼 그분 위에 강림하셨다. 더욱 중요한 것은 음성이었다. 그것은 하늘로부터 들리는 보증의 음성이었다.

"이는 내 사랑하는 아들이요 내 기뻐하는 자라"(마 3:17).

주님의 권위를 강조하는 중요한 사건이 또 있다. 변화 산 사건으로, 여기서도 비슷한 말이 사용되었다. 아울러 매우 의미심장하고 중요한 말이 덧붙여져 있다. 탁월한 영광 가운데 한 소리가 나서, "이는 내 사랑하는 아들이요 내 기뻐하는 자니 너희는 그의 말을 들으라"(마 17:5)라고 말했다. 이를 바꿔 말하면 다음과 같다.

"이 사람이야말로 너희가 따라야 할 사람이다. 너희는 어떤 말씀을 기다리고 있구나. 너희는 질문에 대한 답을 기다리고 있으며, 문제들에 대한 해답을 찾고 있구나. 너희는 철학자를 찾아가 그의 말에 귀 기울이며 '어디서 궁극적인 권위를 발견할 수 있습니까?' 하고 물어 왔다. 자, 여기 하늘로부터 하나님이 주신 대답이 있다. '그의 말을 들으라.'"

'그'는 예수님을 가리키며, 예수님을 최종적인 말씀이자 궁극적인 권위, 우리가 따라야 할 분으로 내세우고 있다.

내가 이 사건들을 예로 든 것은 복음서에 기록된 가장 중요한 사건들에 해당하기 때문이다. 우리는 이 사건들이 단지 복되신 우리 주님이 이 땅에 사실 때 일어난 일일 뿐이라고 치부해서는 안 된다. 물론 맞는 말이다. 하지만 그분의 독특하고도 궁극적인 권위라는 특수성을 명백하게 드러내기 위해 기록되었다는 점을 잊어서는 안 된다. 마치 복음서 전체가 그리스도를 따로 떼어내 그분께 모든 관심을 집중시키고 있는 것처럼 보인다. 하늘의 음성까지도 말이다.

예수님 자신의 주장

주님께 좀 더 가까이 가 보자. 그러면 또 다른 중요한 특징들을 발견하게 될 것이다. 예수님의 가르침을 예로 들어 보자. 그분은 얼마나 세심한 주의를 기울여 항상 "나의 아버지와 너희

아버지"라고 말씀하고 계시는가! 그분은 "우리 아버지"라고 말씀하시지 않고, 언제나 "나의 아버지"라고 말씀하신다. 제자들에게 "하늘에 계신 우리 아버지"라고 기도하도록 가르치셨을 뿐 결코 자신을 그들 속에 포함시키지 않으셨다. 주님은 항상 자신이 '인자'라는 차이점을 강조하기 위해 애쓰셨다. 그분은 인간이셨으나 단순히 인간만은 아니셨다. 마태복음 11장 27절을 보면 아주 확정적이고 명확하며 중요한 진술을 발견할 수 있다.

> "아버지 외에는 아들을 아는 자가 없고 아들과 또 아들의 소원대로 계시를 받는 자 외에는 아버지를 아는 자가 없느니라"
> (마 11:27).

예수님의 이 말씀은 매우 독특한 주장이며, 아울러 우리가 항상 마음에 두어야 하는 아주 중요한 주장이다. 주님은 또 이런 말씀도 하셨다.

> "내가 곧 길이요 진리요 생명이니 나로 말미암지 않고는 아버

지께로 올 자가 없느니라"(요 14:6).

"나는 세상의 빛이니"(요 8:12).

주님은 종종 이러한 성격의 주장과 진술을 하셨다. 이제는 특별히 산상수훈에서 주님이 의도적으로 자신을 권위 있는 선생으로 내세우신 것을 주의해서 보자.

"옛 사람에게 말한 바……하였다는 것을 너희가 들었으나 나는 너희에게 이르노니"(마 5:21-22, 33-34).

여기 학교에 다녀 보지도 못한, 그리고 바리새인도 아닌 한 사람이 있다. 사람들은 "이 사람은 배우지도 않았는데 어떻게 글을 아느냐?" 하고 의아해했다. 그러나 주님은 주저하지 않고 일어나셔서 권위 있게 "나는 너희에게 이르노니"라고 선언하셨다.

선지자들과 주님을 구별하는 것, 이것이 바로 주님의 독특한 인격을 강조한 것임을 우리는 기억해야 한다. 구약의 선지자들은 위대한 사람들이었다. 하나님께 쓰임 받고, 성령의 기름 부음을 받았다는 사실을 떠나서라도, 그들은 위대한 인물들이었다. 그러나 그들 중 어느 누구도 예수님처럼 "내가 이르노니"라는 말은 쓰지 않았다. 그들은 모두 "여호와께서 말씀하시기를"이라고 했다. 그러나 예수 그리스도께서는 "나는 너희에게 이르노니"라고 말씀하셨다. 이로써 주님은 단번에 자신과 그 외의 모든 사람을 구별 지으신 것이다. 이는 마치 "궁극적인 권위의 시대가 왔도다!" 하고 말씀하시는 것과 같다.

주님은 이 사실을 산상수훈에서 항상 강조하셨다. 그분은 자신의 가르침을 단지 조상의 유전이나 바리새인들과 율법학자들의 전문적인 가르침과 대조시키기만 하신 것이 아니었다. 그분은 모세를 통해 이스라엘 자손들에게 주어진 하나님의 율법을 권위 있게 해석하기를 주저하지 않으셨다. 그리고 한 걸음 더 나아가 이렇게 말씀하시기까지 했다.

"율법이 너희에게 명해 왔던 '눈은 눈으로, 이는 이로 갚으라'라는 법은 더 이상 존재하지 않는다. 이제는 '너희 원수를 사랑하며 너희를 핍박하는 자를 위해 기도하라'라는 것이 법이다."

주님은 이 위대한 설교를, 우리를 아연케 할 만큼 놀라운 말씀으로 결론지으신다.

"그러므로 누구든지 나의 이 말을 듣고 행하는 자는 그 집을 반석 위에 지은 지혜로운 사람 같으리니……나의 이 말을 듣고 행하지 아니하는 자는 그 집을 모래 위에 지은 어리석은 사람 같으리니"(마 7:24-26).

주님은 모든 강조점을 '나의 이 말'에 두셨다. 자신의 궁극적인 권위를 주장하고 계신 것이다. 여기에 무엇인가 덧붙인다면, 예수님이 말씀하신 대로 "천지는 없어지겠으나 내 말은 없어지지 아니하리라"(막 13:31, 눅 21:33)라는 말씀일 것이다. 그 이상은 어떤 것도 있을 수 없다.

주님이 하신 일과 하신 말씀

이제 한 걸음 더 나아가 주님이 행하신 일을 살펴보자. 먼저 이적들을 살펴보자. 그 이적들은 무엇을 성취하기 위함이었는가? 물론 그 이적들은 긍휼히 여기는 마음에서 나온 것이었다. 그러나 그것이 주된 목적은 아니었다. 요한은 요한복음에서 그것이 표적이었음을 항상 강조한다. 주님의 인격과 권위를 주장하고 증명하기 위해 의도적으로 주어진 표적들이라는 것이다. 즉 그 이적들은 주님이 약속된 메시아이시라는 사실을 확증하기 위해 일어난 것이었다.

오늘날에는 이 문제에 대한 부정확하고 감상적인 가르침이 너무나 많다. 따라서 우리는 주님이 이적을 행하신 주된 목적이 그분이 어떤 분이신가를 증명해 보이고, 그분의 권위를 주장하며, 그분이 진정 하나님의 아들이심을 확증하기 위한 것이라는 사실을 결코 잊지 말아야 한다. 주님은 또한 많은 경우 직접 이 사실을 주장하셨다.

이제 또 하나의 주목할 만한 사건을 예로 들어 보자. 하루는 예수님이 길을 가시다가 마태라고 하는 사람이 세관에 앉은 것을 보셨다. 주님은 주저하지 않으시고 일을 하고 있는 그의 앞에 가서 "나를 따르라"고 말씀하셨다. 그러자 마태는 일어나서 모든 것을 버리고 예수님을 쫓았다. 주님은 세베대의 아들들에게로 가셔서 똑같은 말씀을 하셨다. 그들 역시 배와 고기 잡는 그물, 아버지와 모든 것을 버리고 그분을 따랐다.

여기, 절대적인 권위를 가지고 "나를 따르라"고 주저없이 말하는 사람이 있다. 그리고 사람들은 그를 따랐다. 이것이 '행동 복음'이다. 이것이 바로 전도다. 교회가 생겨난 방식이다.

즉 이것이 하나님의 일이 이루어진 방식인 것이다.

그러나 예수님은 여기서 더 나아가셨다. 그분은 주저하지 않고 자신이 죄를 사하는 권위를 가졌다고 말씀하셨다. 그분은 이 주장 때문에 많은 어려움을 당하셨다. 백성들은 "하나님 외에 누가 죄를 사할 수 있는가?" 하고 말했다. 그러나 예수님은 분명히 죄를 사할 수 있는 분이셨다. 그분은 자신이 죄를 사하는 권위와 능력을 가졌다고 단언하셨으며, 그 사실을 증명해 보이고 싶어하셨다. 그래서 죄 사함의 권위를 가졌다는 표적으로 중풍병자에게 "네 침상을 가지고 걸어가라"고 말씀하셨다. 이 모든 것은 순전히 권위에 관한 문제다.

흔히 목회자들은 복음서를 처음부터 계속 설교해 나갈 때 산뜻한 위로가 담긴 짧은 메시지를 곁들여 이 중대한 사실을 비유로 바꾸어 놓는다. 그러나 이는 핵심을 놓치는 것이다. 우리는 마땅히 예수 그리스도를 전파하며 그분의 권위를 주장해야 한다. 오늘날 많은 사람들은 이렇게 전도하곤 한다.

"기독교를 믿으십시오. 그러면 그만한 대가를 얻을 것입니다. 제가 그 사실을 직접 겪어 본 증인입니다."

그러고 나서 짤막한 설교를 들려준 후 사람들을 불러내 그 사실을 간증하게 한다. 이렇게 했을 때 사람들이 기독교를 믿으리라고 기대하는 이유는 무엇인가? 그것은 기독교가 무엇인가를 해주는 종교라고 생각하기 때문이다.

"기독교는 이런저런 것을 해줍니다. 당신에게 행복을 약속하며, 평화와 기쁨을 안겨 줍니다."

나는 이 방법이 참된 전도가 아니라고 생각한다. 우리가 해야 할 일은 오직 예수 그리스도와 그분의 궁극적인 권위를 전파하는 것이다! 우리는 그리스도를 널리 알리도록, 그리고 사람들을 인도해 그분과 대면하게 하도록 명령 받았다.

하다못해 이단 종파들도 우리에게 이런저런 것을 해줄 수 있다. 크리스천 사이언스(미국의 한 이단 종파-역주)도 당신이 만일 이런저런 것을 하면 밤에 잠을 잘 잘 수 있으며, 근심이 없어지고, 훨씬 건강하게 느낄 것이며, 아픈 곳이나 통증도 사라질 것이라고 말할 수 있다. 그러나 우리는 다르다. 우리는 그리스도를 널리 알리며, 사람들을 인도해 그리스도와 대면하게 해야 한다. 이것은 또한 예수님의 방법이기도 하다. 내가 이러한 예들을 택한 이유는 신약 전체가 우리로 하여금 예수 그리스도의 권위를 확실히 믿게 하려는 명백한 의도를 가졌다는 것을 보여 주기 위함이다.

만일 그리스도의 주장이 사실이 아니라면 당연히 그분을 청종할 필요가 없다. 그러나 그분의 주장이 사실이라면 우리는 그분을 청종해야 하며, 그분이 우리에게 명하시는 것은 무엇이든 이행해야만 한다. 나의 행복이 표준이 되어서는 안 된다. 만일 예수님이 나로 하여금 계속 병을 앓게 하시거나 어려움을 겪게 하신다고 할지라도 나는 그분이 무엇을 말씀하시든 "주여, 그렇습니다" 하고 대답할 것이다. 그분이 바로 주님이시기 때문에 그렇다. 예수님은 참 권위이시다.

예수 그리스도에 대한 사람들의 태도

더욱이 복음서는 예수님 당시의 사람들이 이 사실을 인식하고 있었다는 것을 아주 분명히 보여 준다. 예수님의 산상수훈을 듣고 있던 사람들은 말씀이 끝나자 다음과 같은 아주 흥미로운 말을 했다.

"예수님은 바리새인이나 서기관들과는 달리 가르침에 권위가 있어."

"그분은 한 번도 '힐렐은 이렇게 가르쳤고, 가말리엘은 이런 의견을 말했다'고 하며 시간을 소비한 일이 없지."

그렇다. 예수님은 권위자들의 말을 인용해서 그들의 입장을 설명한 뒤 결론적으로 자신의 추론으로 끝내시는 법이 없었다. 한 번도 그러신 적이 없었다. 그분은 직접 권위를 가지고 말씀하셨다. 한때 예수님을 체포하기 위해 파견되었던 군인들을 기억하는가? 그들은 죄수를 체포하지 못하고 그냥 돌아왔다. 그들을 보낸 자들이 물었다.

"어찌 된 일이냐? 잡아 온 자는 어디 있느냐?"

군인들이 할 수 있는 유일한 대답은 "그 사람이 말하는 것처럼 말한 사람은 이때까지 없었나이다"(요 7:46)였다. 예수님의 위엄 있는 어조와 태도에는 감히 손을 델 수 없게 하는 그 무엇이 있었다. 마찬가지로 주의해서 볼 점은 복음서가 예수님의 이적들로 인해 가장 눈에 띄게 나타난 결과가 놀라움을 일으킨 것이라고 끊임없이 강조한다는 사실이다. 복음서는 "그들이 하나님께 영광을 돌렸다"고 기록하고 있다.

"오늘 우리는 놀라운 일들을 보았다!"

사람들은 단순히 이적이나 그로 인한 유익한 결과에서 멈추지 않았다. 그들은 하나님의 임재와 역사를 의식했다. 어떤 때에는 제자들조차 예수님의 이적에 대해 경외심으로 가득한 반응을 보였다. 그것은 간혹 텔레비전에 등장하는, 소문난 이적이 행해질 때 사람들이 손뼉을 치며 외쳐 대고, 심지어 웃기까지 하는 것과는 전혀 달랐다. 제자들은 경외심으로 가득 찼다.

왜일까? 그것은 제자들이 하나님의 능력과 임재를 의식했기 때문이었다. "그들은 하나님께 영광을 돌렸다." 어떤 경외감이 이적을 보는 이들을 뒤덮었다. 그것은 일반인들에게도 마찬가지였다. 성경은 귀신들까지도 그분을 알아보았다고 말한다. 예수님이 오시는 모습을 본 귀신들은 외쳤다.

"어찌하여 아직 때가 이르기도 전에 우리를 괴롭게 하려고 오셨나이까? 당신이 하나님의 거룩한 자이신 줄 우리가 아나이다."

귀신들은 예수님을 두려워했다. 거라사인의 땅에서 귀신들린 사람을 괴롭히던 귀신들을 생각해 보라. 그들은 예수님을 단번에 알아보고는 "우리를 여기서 쫓아내지 마소서" 하고 간절히 빌었다. 예수님이 누구이신지를 선언한 것이다. 어떤 의미에서 귀신들은 예수님의 권위 앞에 두려워 떨었다고 할 수 있다. 이 일들은 그저 우연히 기록된 것이 아니다. 단순히 어떤 그림을 완성하기 위해 끼워 넣은 세부 묘사가 아니다. 여기에는 언제나 목적이 있으며, 그 목적은 바로 예수님의 권위를 드러내고자 함이다!

예수님을 대적하던 자들조차 그분의 권위를 똑똑히 인식했다. 그들은 예수님이 스스로를 하나님이라고 주장하셨다는 사실을 알고 있었다. 한 예로 요한복음 10장 33절을 보자. 모두가 예수님의 권위를 인식한 것 같다. 넘어지고 실수하던 제자들도 결국에 가서는 예수님의 권위를 고백했다. 베드로는 가이사랴 빌립보 지방에서 "주는 그리스도시요 살아 계신 하나님의 아들이시니이다"(마 16:16)라는 위대한 고백을 했다.

언젠가 주님은 사람들이 무리 가운데서 떠나가는 것을 보시고 제자들을 향해 "너희도 가려느냐?" 하고 물으셨다. 이에 베드로는 다음과 같이 대답했다.(어쩌면 그는 자기가 한 말이 무슨 의미인지 온전히 깨닫지 못했을 것이다.) "우리가 누구에게로 가오리이까"(요 6:68). 즉 "주님 외에 어디에 권위가 있겠습니까? 영생의 말씀이 주께 있지 않습니까? 우리는 주께서 그리스도이시며, 살아 계신 하나님의 아들이심을 믿고 확신합니다"라는 말이다(요 6:66 - 69). 바꿔 말하면 제자들은 예수님만

이 최종적이고 궁극적인 권위이시라는 사실을 알고 있었다.

예수님의 죽음, 부활, 승천

이 모든 사실에도 불구하고 예수님은 마치 나약한 존재이신 듯 십자가에 못 박히셨고, 죽으셨으며, 무덤에 묻히셨다. 그러나 사실 예수님의 권위가 가장 영광스럽게, 그리고 뚜렷하게 나타나는 곳은 바로 이 부분에서다. 죽음까지도 정복하시고, 무덤에서 부활하신 사건은 그분의 권위에 대한 궁극적인 증거가 된다.

도마와 관계된 매우 중요한 사건은 결코 우연히 일어난 일이 아니다. 의심 많은 도마는 예수님이 부활하셨다는 소식을 들었다. 그러나 도저히 그 사실을 믿을 수가 없었다. 그것은 결코 믿을 수 없는 일처럼 보였다. 예수님을 만나 상처에 손가락을 넣어 보라는 그분의 말씀을 들었을 때 도마는 어떻게 했는가? 그는 예수님의 발아래 엎드려 "나의 주님이시요 나의 하나님이시니이다"라고 고백했다(요 20:24 - 28).

그러나 우리는 부활 사건에서 더 나아가야 한다. 왜냐하면 성경은 제자들이 주님의 말씀을 들은 후 주께서 승천하시는 모습을 보았다고 기록하고 있기 때문이다.

"축복하실 때에 그들을 떠나 [하늘로 올려지시니] 그들이 [그에게 경배하고] 큰 기쁨으로 예루살렘에 돌아가"(눅 24:51-52).

우리는 예수님의 승천 사건을 과소평가하려는 경향이 있다. 그러나 승천 사건은 성경에 기록되어 있으며, 복음서뿐 아니라 사도행전에서도 강조되고 있다. 승천 사건은 그리스도의 권위에 대한 증거 중에서도 매우 중요한 부분이다.

다른 신약성경 저자들의 증거

먼저 사도행전을 보자. 우리는 신약 각 권의 서두 부분에 좀 더 많은 주의를 기울여야 한다. 서두는 흔히 그 책이 기록된 이유를 말해 주기 때문이다. 한 예로 사도행전의 서두를 살펴보도록 하자.

"데오빌로여 내가 먼저 쓴 글에는 무릇 예수께서 행하시며 가르치시기를 시작하심부터 그가 택하신 사도들에게 성령으로 명하시고 승천하신 날까지의 일을 기록하였노라"(행 1:1-2).

이어서 저자는 "이제 내가 쓰는 글은 그리스도께서 계속해서 행하신 일들에 관한 기록이다"라는 취지의 말을 하고 있다. 이 책의 이름이 '성령행전'으로 불려야 한다고 말하는 사람들이 있다. 매우 흥미로운 제안이지만, 내가 생각하기에는 1절 말씀이 이 제안을 거부하고 있다고 본다. '예수께서 행하시며 가르치시기를 시작하심, 그리고 예수께서 계속해서 행하신 일들', 이것이 이 위대한 책의 주제다.

우리는 사도행전에서 교회가 곳곳에 세워지는 이야기를 접하게 된다. 누가 그 일을 하고 계시는가? 사도행전에 기록된 답은 '주 예수 그리스도'다. 주님이 가이사랴 빌립보에서 베드로에게 "내가 내 교회를 세우리라"고 말씀하셨던 일을 기억하라. 그리고 예수님이 지금도 교회를 세우시는 분이심을 결코 잊지 말라. 교회를 세우시는 분은 바로 그리스도이시다.

다음으로, 우리는 사도행전 2장에 기록되어 있는 대로 오순절에 일어난 중요한 사건을 생각해 볼 필요가 있다. 나는 오순절 날 하나님이 교회에 성령을 보내신 일이 예수 그리스도의 궁극적인 권위에 대한 최종적인 확언이라고 생각한다. 요한복음 16장 8 - 11절에서 예수님은 이렇게 말씀하셨다.

> "그[성령]가 와서 죄에 대하여, 의에 대하여, 심판에 대하여 세상을 책망하시리라 죄에 대하여라 함은 그들이 나를 믿지 아니함이요 의에 대하여라 함은 내가 아버지께로 가니 너희가 다시 나를 보지 못함이요 심판에 대하여라 함은 이 세상 임금이 심판을 받았음이라"(요 16:8-11).

흔히 이 구절을 은혜 시대가 오면 성령께서 죄와 의와 심판에 대해 한 사람 한 사람을 책망하실 것이라고 예수님이 말씀하신 것으로 단순하게 생각한다. 물론 이것은 사실이다. 그러나 확신컨대, 예수님은 그 이상의 의미를 두고 이 말씀을 하셨다. 어떤 이들은 예수님이 하신 말씀의 참된 의미를 이렇게 해석한다.

"성령의 오심은 내가 하나님의 아들이라는 사실에 대한 궁극적인 증거가 될 것이다."

나는 이 견해에 전적으로 동의한다. "죄에 대하여라 함은 그들이 나를 믿지 아니함이요", 즉 그들은 예수님의 말에 귀 기울이지 않았고, 그분이 하신 일들에 주의를 기울이지 않았다. 그들은 부활에 대한 증거까지도 믿지 않으려 했다. 그러나 예수님이 성령을 보내실 것이라고 이미 예언되어 있었다. 또한 예수님이 그렇게 하겠다고 약속하셨다. 따라서 만일 예수님이 성령을 보내지 않으셨다면 어떻게 되었을까? 그분이 주장하신 모든 것이 땅에 떨어졌을 것이며, 그분은 실패하셨을 것이다.

성령의 오심, 즉 성령의 선물이야말로 예수님이 영광의 주님이시라는 사실에 대한 궁극적인 증거다. 예수님은 맡은 사명을 모두 완수하셨다. 그분은 모든 원수를 정복하셨다. 예수님은 이 선물(성령)을 아버지께 받아서 이제 우리에게 보내신 것이다. 이것이 바로 오순절의 의미다.

따라서 우리는 항상 오순절 사건을 예수님의 최후의 사역, 즉 자신이 영광의 주라고 주장했던 것이 사실임을 보여 주신 위대한 사역들 가운데 마지막 사건이라고 생각해야 한다. 또한 그것은 예수님의 의가 하나님께 열납되었고, 이 세상의 왕

이 이미 심판을 받았다는 사실에 대한 증거이기도 하다. 인간을 지배해 온 찬탈자 마귀는 지배력을 잃어버렸다. 우리는 이 사실을 잊지 말아야 한다. 마귀는 패배했고, 현재 다스리고 통치하시는 분은 주 예수 그리스도이시다.

그러면 계속해서 사도행전에서 이 모든 일이 실제로 어떻게 일어났는지 살펴보도록 하자. 베드로와 요한은 기도 시간에 성전으로 올라가다가 성전 미문에 앉은 한 무력한 사람(나면서 못 걷게 된 이)을 보았다. 그 후 어떤 일이 일어났는가?

"나사렛 예수 그리스도의 이름으로 걸으라!"

베드로가 말하자 나면서 못 걷게 된 사람이 일어섰다. 이것을 목격한 사람들은 놀라움을 금치 못했으며, 사도들을 칭송하기 시작했다. 그러나 베드로는 이렇게 말했다.

"우리를 주목하지 마십시오. 이 무력한 사람을 걷게 한 것은 우리의 말이 아닙니다. 예수 그리스도의 이름이, 그분의 이름을 믿는 믿음이 그 사람을 모두가 보는 앞에서 온전케 한 것입니다"(행 3:1 - 16 참조).

또한 사도행전 4장에서 제자들이 관원들 앞에 세워진 후 다시는 그리스도의 이름으로 전파하지 말 것을 명령받았을 때 제자들이 한 말을 떠올려 보라. 그들이 한 말은 오로지 "천하 사람 중에 구원을 받을 만한 다른 이름을 우리에게 주신 일이 없음이라"(행 4:12)였다. 그 이름이야말로 유일한 이름이다. 사실 이 구절은 '제2의 이름은 없다'라고 번역해야 마땅할 것이다. 예수님은 여러 인물들 중에 하나가 아니시다. 그분은 여러 권위들 가운데 하나의 권위를 나타내는 분이 아니시다. 그분은 홀로 계신다. 신약성경에서 예수님은 유일한 권위로 나타나신다.

이 사실은 사도행전 전체를 통해 볼 수 있다. 고넬료와 그의 가족들에게 설교하는 중에 베드로는 또다시 "만유의 주 되신 예수 그리스도"(행 10:36)라고 말했다. 이러한 일은 사도 바울의 사역 가운데서도 드러난다. 그는 교회를 반대하고 박해하던 중 다메섹으로 가다가 그렇게도 경멸하고 증오하던 그 예수가 다름 아닌 영광의 주님이심을 발견하고 놀라서 물었다.

"주여 제가 무엇을 하기를 원하시나이까?"

바울 서신들에서도 마찬가지다. 바울은 로마에 있는 그리스도인들에게 말했다.

"나는 예수 그리스도의 종이며 하나님의 복음을 위해 택하심을 받았다."

그가 전파한 내용은 육신으로는 다윗의 혈통에서 나셨고, 성결의 영으로는 죽은 자들 가운데서 부활하사 능력으로 하나님의 아들로 선포되신 주 예수 그리스도에 관한 것이었다(롬 1:3-4 참조).

사도 베드로도 다음과 같이 확정적으로 말했다.

"우리 주 예수 그리스도의 능력과 강림하심을 너희에게 알게 한 것이 교묘히 만든 이야기를 따른 것이 아니요 우리는 그의 크신 위엄을 친히 본 자라 지극히 큰 영광 중에서 이러한 소리가 그에게 나기를 이는 내 사랑하는 아들이요 내 기뻐하는 자라 하실 때에 그가 하나님 아버지께 존귀와 영광을 받으셨느니라"(벧후 1:16-17).

사도 요한도 다음과 같이 확언했다.

"태초부터 있는 생명의 말씀에 관하여는 우리가 들은 바요 눈으로 본 바요 자세히 보고 우리의 손으로 만진 바라 이 생명이 나타내신 바 된지라 이 영원한 생명을 우리가 보았고 증언하여 너희에게 전하노니 이는 아버지와 함께 계시다가 우리에게 나타내신 바 된 이시니라"(요일 1:1-2).

신약의 여러 서신들에서 예수님에 대해 사용된 고유의 칭호는 '주'다. 이 호칭은 일찍이 J. G. 메이첸 박사가 말한 대로 신성을 나타낸다. 또한 구약의 '여호와'라는 호칭의 의미를 신약에서 그대로 전달하는 호칭이라고 일반적으로 알려져 있다.

우리 주 예수 그리스도의 신성과 신격을 보여 주는 명백한 진술들은 수없이 많다. 그러나 골로새서 2장 9절과 고린도전서 2장 8절보다 더 확실한 진술은 없을 것이다. 사도 바울은 골로새서 2장 9절에서 "그 안에는 신성의 모든 충만이 육체로 거하시고"라고 말하며, 고린도전서 2장 8절에서는 그리스도를 가리켜 '영광의 주'라고 말한다.

그리고 유명한 빌립보서 2장 6 - 11절의 진술이 있다. 여기에서 사도 바울은 담대하고 명백하게 이 땅 위를 거니시다 십자가에 못 박히신 나사렛 예수님이 이전에는 '하나님의 본체'이셨으며, 하나님과 동등 됨을 취하시는 것이 조금도 이상하지 않은 분이시라고 주장한다. 그리고 나서 바울은 다음과 같은 말로 끝을 맺는다.

"이러므로 하나님이 그를 지극히 높여 모든 이름 위에 뛰어난 이름을 주사 하늘에 있는 자들과 땅에 있는 자들과 땅 아래에 있는 자들로 모든 무릎을 예수의 이름에 꿇게 하시고 모든 입으로 예수 그리스도를 주라 시인하여 하나님 아버지께 영광을 돌리게 하셨느니라"(빌 2:9-11).

그러나 그 어떤 진술도 히브리서 서두에 기록된 진술보다 장엄하지는 못하다. 히브리서 저자는 이렇게 말한다.

"옛적에 선지자들을 통하여 여러 부분과 여러 모양으로 우리 조상들에게 말씀하신 하나님이 이 모든 날 마지막에는 아들을 통하여 우리에게 말씀하셨으니 이 아들을 만유의 상속자로 세우시고 또 그로 말미암아 모든 세계를 지으셨느니라 이는 하나님의 영광의 광채시요 그 본체의 형상이시라 그의 능력의 말씀으로 만물을 붙드시며 죄를 정결하게 하는 일을 하시고 높은 곳에 계신 지극히 크신 이의 우편에 앉으셨느니라"(히 1:1-3).

성경의 마지막 책은 예수 그리스도의 계시다. 그리스도께서 계시록 전체를 지배하고 계신다. 그리스도만이 역사책의 인을 떼기에 합당할 만큼 능력 있는 분이시며, 하나님의 모든 원수를 궁극적으로 굴복시키시며 영광으로 통치하시는 분이시다.

"내가……내 교회를 세우리니"(마 16:18).
"하늘과 땅의 모든 권세를 내게 주셨으니 그러므로 너희는 가서 모든 민족을 제자로 삼아 아버지와 아들과 성령의 이름으로 세례를 베풀고 내가 너희에게 분부한 모든 것을 가르쳐 지키게 하라 볼지어다 내가 세상 끝날까지 너희와 항상 함께 있으리라"(마 28:18-20).

사도행전부터 계시록에 이르기까지 신약성경 전체는 예수님의 이와 같은 말씀을 증명하고 실제화한 것이다. 예수님은 모든 권위와 권세를 이제껏 행사해 오셨으며, 지금도 행사하고 계신다. 그분은 반드시 모든 원수를 완전히 복종시킬 때까지 다스리실 것이다.

　기독교는 그리스도다. 기독교는 철학이 아니며, 사실상 종교라고도 할 수 없다. 기독교는 하나님이 당신의 백성을 찾아오셔서 구원하셨고, 또한 그분의 독생자를 이 세상에 보내어 살게 하시고, 죽게 하시고, 부활하게 하셨다는 기쁜 소식이다. 우리 주 예수 그리스도께서는 '알파와 오메가'이시며, 처음과 나중이시다. 바꾸어 말하면, 주님이 유일한 권위이시다.

Chapter
2

성경의 권위

우리는 오늘날 권위가 얼마나 중요한지에 대해 계속해서 고찰해 나가고 있다. 서론에서 지적했듯이 우리의 관심사는 실제적이다. 즉 우리가 권위에 관심을 갖는 이유는 복음 전파에 관한 모든 문제가 권위와 연관되어 있기 때문이다.

신약 메시지의 배경

초대교회 시절 사도들은 그리스도의 부활과 세상의 구주이신 예수, 그리고 주님 되신 예수님을 전파하며 곳곳을 다녔다. 사도들은 "예수님은 하나님의 아들이십니다!" 하고 선포했다.

아울러 "천하 사람 중에 구원을 받을 만한 다른 이름을 우리에게 주신 일이 없음이라"(행 4:12)고 선언했다. 달리 말하면, 사도들은 예수님이 하나님의 아들, 즉 궁극적이며 최상의 권위가 되신다고 선포한 것이다. 이것이 그들의 메시지였다.

물론 사도들이 이 메시지만 따로 떼어 전파한 것은 아니었다. 사도행전 17장 1-4절과 고린도전서 15장 1-4절을 보라. 사도들은 예수님이 하나님의 아들이자 세상의 구주이시라고 전파할 때 구약성경의 메시지와 관련지었다.

잘 알려진 대로, 어떤 의미에서 교회의 이름 아래 행해진 최초의 공적 설교는 오순절 날 예루살렘에서 사도 베드로가 한 설교였다. 우리는 이 사건을 기록하고 있는 사도행전에서 베드로가 나사렛 예수를 하나님의 아들이요 세상의 구주로 제시하되, 주로 구약성경을 해석함으로 제시하고 있음을 관찰할 수 있다. 이 사실을 이해하는 것은 매우 중요하다.

여기서 꼭 기억해야 할 사실은 예수님만 따로 떼어 전파한 것이 아니라 이전에 일어났던 일과 연관 지어 전파했다는 사실이다. 하나님의 사역은 베들레헴에서 시작된 것이 아니었다. 계시가 예수 그리스도께만 있었다거나, 혹은 그분이 세상에 오시면서 시작되었다고 생각해서는 결코 안 된다. 히브리서 1장 1-3절이 상기시켜 주듯이, 하나님은 과거부터 자신을 계시해 오셨다. 그분은 '여러 부분과 여러 모양으로' 말씀해 오셨다. 따라서 예수님의 오심은 언제나 이러한 전후 관계와 배경에서 생각되어야만 한다.

사도들은 만일 새로운 복음의 메시지와 구약성경의 모든 가르침을 조화시키지 못하면 그들이 주장하는 모든 것이 실패로 돌아가고 말 것을 잘 알고 있었다. 사도행전은 이 사실을 곳곳에서 명백히 보여 준다. 사도들은 이 사실을 증명하기 위해 언제나 고심했다. 이는 다음 말씀에 잘 나타나 있다.

"[구약성경의] 뜻을 풀어 그리스도가 해를 받고 죽은 자 가운데서 다시 살아나야 할 것을 증언하고 이르되"(행 17:3).

사도 바울은 회당에서 유대인들과 변론할 때 구약성경의 메시지를 끌어내어 말했다. 사도들의 설교의 핵심 주제 중 하나는 예수님이 구약에 제시된 약속들의 성취이시며, 에덴동산에서 일을 시작하시고 여러 세기를 통해 여러 모양으로 일해 오신 하나님이 이 모든 것을 위대하고 장엄한 클라이맥스로 이끌어 오셨음을 증명해 보이는 것이었다. 사도들은 예수님이 구약의 모든 약속의 성취이시라고 주장한 것이다. 이와 동일한 내용을 사도 베드로의 말에서 찾아볼 수 있다.

"또 우리에게는 더 확실한 예언이 있어 어두운 데를 비추는 등불과 같으니 날이 새어 샛별이 너희 마음에 떠오르기까지 너희가 이것을 주의하는 것이 옳으니라"(벧후 1:19).

이 말씀은 "우리에게 더욱 확실하게 확인된 예언의 말씀이 있다"고 표현하는 편이 더 좋을 것 같다. "구약성경의 메시지에 증거가 있다. 그곳에 권위가 있다!" 이것이 베드로가 실제로 말하고 있는 바다. 사도 베드로는 자신들이 교묘히 만든 이야기를 따른 것이 아니라고 말한 뒤 다른 두 제자와 함께 변화산에서 목격한 사건에 대해 증언했다. 그리고 다음과 같이 덧붙였다.

"우리의 말과 증언, 우리가 제시한 증거에만 의존하지 마십시오. 이보다 더 강력한 무엇이 있습니다. 구약의 예언들로 돌아가서 읽어 보십시오. 그러면 이 모든 것이, 가장 세밀한 부분까지도 우리 예수님의 인격과 생애와 사역 가운데 성취되었음을 볼 수 있을 것입니다."

사도들은 매우 설득력 있는 주장을 펼쳤다. 그리스도를 구약성경의 문맥과 배경에서 따로 떼어 놓는 것은 불가능하다. 우리는 이 사실을 반드시 이해해야 한다.

주님 역시 유대인들에게 말씀하실 때 매우 비슷한 논리를 사용하셨다. 예수님은 구약을 참조하셨을 뿐만 아니라 하나의 논거로 쓰셨다. 요한복음 5장 39절을 보자.

"너희가 성경에서 영생을 얻는 줄 생각하고 성경을 연구하거니와 이 성경이 곧 내게 대하여 증언하는 것이니라"(요 5:39).

예수님은 언제나 직접적으로 주장하시거나, 혹은 반대자들에게 당황스러운 질문을 던지심으로써 자신이 구약성경에 미리 예언된 약속의 성취임을 증명하셨다. 따라서 이 모든 이유 때문에 (하나하나 세밀하게 논할 수도 있다) 우리는 반드시 예수 그리스도를 성경의 문맥과 배경에서 생각할 수 있어야 한다.

궁극적인 권위에 대해 생각할 때마다, 그리고 (앞서 다룬) 우리 주 예수 그리스도의 궁극적인 권위에 대해 생각할 때마다 필연적으로 성경의 권위에 대해 생각하지 않을 수 없다. 여기에는 정해진 논리적 순서가 있다. 우리가 선포하는 위대한 메시지는 예수 그리스도의 인격과 사역에 관한 메시지다. 이 일을 하는 데 있어서 성경 전체의 문맥과 배경을 떠나서는 안 된다.

성경의 권위에 대한 공격

이러한 사실에 비추어 볼 때 성경의 권위가 종종 논쟁과 논의의 대상이 되어 왔다는 것은 놀라운 일이 아니다. 그러나 18세기에 이르기까지는 모든 교회가 보편적으로 성경의 권위를 어느 정도 받아들였다는 사실을 기억하는 것이 중요하다.

물론 종교개혁 시대에 교회의 권위와 성경의 권위에 관한 큰 논쟁이 있었다. 어떤 이들은 이 논쟁을 '로마 가톨릭교회가 성경의 권위를 부정한다'는 의미로 잘못 해석했다. 그러나 로마 가톨릭교회가 성경의 권위를 부정한 것은 결코 아니었다. 로마 가톨릭교회는 한 걸음 더 나아가 성경이 무엇을 말하는

지 알기 위해서는 교회의 권위 있는 해석이 반드시 필요하다고 선언했다. 교회를 성경과 나란히 놓은 것이다. 또 어떤 이들은 로마 가톨릭교회가 성경에 기록된 계시 외에 또 다른 계시를 받아 왔다고 말한다. 그러나 로마 가톨릭교회는 항상 정경의 권위를 주장해 왔으며 지금도 여전히 주장하고 있다.

'고등 비평'이라 불리는 운동이 시작된 18세기 중반 즈음까지 성경의 권위는 어느 정도 보편적으로 받아들여졌다. 고등 비평은 인간의 이성, 지식, 과학에 대해 다른 전제, 즉 자연주의적 전제들로부터 출발했다. 성경의 권위에 대한 공격이 바로 여기에서 시작되었다. 관련사건 전체에 대한 자세한 역사와 이 운동의 흐름을 여기에서 살펴보기에는 지면이 부족하다. 우리의 고찰이 좀 더 실제적이고 연관성을 갖기 위해서는 현재의 상황에 주의를 집중할 필요가 있다.

오늘날 "상황이 달라졌다"는 말을 흔히 한다. 구자유주의, 구현대주의, 구합리주의는(그 무엇이라 불러도 좋다) 어느 정도 배척당하고 있다. 사실 그런 말들을 듣기조차 어렵다. 그러나 그들의 표현 방식을 관찰해 보는 것은 아주 흥미롭다.

그들은 40 - 50년 전처럼, 고등 비평의 타당성에 관해 논쟁하거나 토론하는 데 시간을 낭비할 수 없다고 말하지만, 그럼에도 불구하고 고등 비평이 이룩한 업적은 마땅히 받아들여야 한다고 주장한다. 우리는 그들이 말하는 소위 '후비평시대'(post critical situation)에 살고 있는 것이다. 그들은 우리가 성경의 메시지와 교훈에 관해서 분명하기만 하다면 그 외에는 문제될 것이 없다고 말한다. 그들은 이렇게 주장한다.

"성경은 하나님의 말씀이 아니라 하나님의 말씀을 포함하고 있다."

다시 말해, 성경은 부분적으로는 하나님의 말씀이며, 부분적으로는 사람의 말이라는 뜻이다. 성경이 부분적으로는 위대한 신적 권위를 가지나, 부분적으로는 그 권위를 가지지 못한다는 것이다. 더 나아가 그들은 성경의 메시지는 우리가 받아들이고 믿어야 하지만 성경의 사실들에 대해서는 융통성 있는 태도를 가질 수 있다고 말한다.

나는 이와 관련한 사례를 일전에 캐나다의 한 신문에서 우연히 보았다. 다니엘서의 한 대목을 다룬 기사였는데, 그 내용은 이랬다.

Chapter 2 성경의 권위 61

"우리는 이 이야기가 문자 그대로 사실인지, 아니면 모든 세대를 위한 하나의 훌륭한 비유인지에 대해 그렇게 중요하게 생각하지 않는다."

그들의 전형적인 모습을 보여 주는 글이다. 성경의 사실들은 그리 중요하지 않으며, 중요한 것은 영적 메시지, 즉 교훈이라는 뜻이다. 이로 인해 우리는 성경의 각 부분에 대해 더 이상 논증하려 하지 않고, 비평 각주(성경 각 구절에 대한 사본상의 자료와 비평적 견해를 성경 본문 아래쪽에 모아 놓은 것)에 무관심한 현대주의에 직면하게 된다. 그들은 이 모든 것을 당연하게 생각하고, 한 걸음 더 나아가 다음과 같이 선언한다.

"여기에 큰 가치가 있는 동시에 명백한 오류와 전혀 무가치한 내용을 다 담고 있는 한 권의 책이 있다."

흔히들 이 견해가 전혀 새로운 것이라고 주장한다. 그러나 잠깐 멈춰서 그들의 말을 분석해 보라. 이내 과거의 견해와 전혀 다를 바 없다는 결론에 도달하게 될 것이다. 왜냐하면 이러한 질문들이 즉각 제기될 것이기 때문이다.

"무엇이 참이고, 무엇이 거짓인가를 결정하는 사람은 과연 누구인가?"

"무엇이 가치 있는 것인가를 결정하는 사람은 누구인가?"

"참 사실과 거짓 사실을 어떻게 구별할 수 있는가?"

"사실과 교훈을 어떻게 구별할 수 있는가?"

"성경의 중요한 메시지와 그 배경을 어떻게 분리해 낼 수 있는가?"

성경에서는 이러한 구분이나 구별을 결코 찾을 수 없다. 성경은 전체가 동일한 방식으로, 또한 하나의 전체로서 우리에게 제시된다. 어떤 부분은 중요하고, 어떤 부분은 중요하지 않다는 암시나 의심 같은 것은 없다. 성경의 모든 부분은 동일한 형식으로 우리에게 나타난다.

달리 말하면, 현대주의란 결국 모든 결정권이 인간의 이성에 있다는 입장이다. 즉 그들은 성경을 대할 때 자신들이 마음속으로 규정한 어떤 표준을 근거로 결정을 내린다. 그래서 어떤 부분은 그들이 믿고 있는 메시지와 부합하고, 어떤 부분은 부합하지 않다고 결정해 버린다. 오늘날 상황이 달라졌음에도 불구하고 여전히 인간의 지식과 오성(惡性)이 궁극적인 결정권자이며, 궁극적인 심판자라는 입장에 머물러 있는 것이다. 이것은 구자유주의의 입장 그대로다.

어떤 사람들은 약간 다르게 말한다. 그들은 우리에게 적용되는 것만을 하나님의 말씀으로 인정해야 한다고 말한다. 즉 성경의 어떤 말씀이 우리가 처한 상황에 들어맞을 때 그것은 하나님의 말씀이지만, 그렇지 못할 때는 하나님의 말씀이 아니라는 것이다. 완전히 주관주의적 입장에 빠진 견해다. 그들은 여전히 인간으로 하여금 모든 것을 지배하게 만든다. 무엇이 참 하나님의 말씀인가, 아닌가를 결정하는 권위가 여전히 인간에게 있는 것이다.

현대주의는 때때로 보수 복음주의자인 우리를 가리켜 '성경 숭배자'라고 부른다. 즉 성경을 주님의 위치에 올려놓는다고 비난하는 것이다. 그들은 자신들이 인정하는 권위는 성경이 아니라 주님이라고 말한다. 그들의 주장을 처음 들으면 마치 우리와 같은 주장을 하는 듯 매우 감명 깊고 인상적으로 들린다. 주의 깊게 조사해 보기 전까지는 아주 신앙적으로 들릴 수 있다. 나는 그들에게 다음과 같은 질문을 해보고 싶다.

"당신은 주님을 어떻게 알았는가?"

"성경을 떠나면 주님에 관해 무엇을 알 수 있는가?"

"어디에서 주님을 발견할 수 있는가?"

"주님에 관한 체험이 당신의 상상으로 꾸며낸 것이거나, 혹은 비정상적 심리 상태의 산물, 또는 마술적 힘이나 악령이 만들어 낸 것이 아닌지 어떻게 알 수 있는가?"

"나는 주님과 직접 통한다"라는 그들의 답은 아주 감명 깊고 인상적으로 들린다. 그러나 주님에 관한 지식의 근거와 주님의 권위에 대한 확신, 그리고 어떻게 그것을 실제로 소유할 수 있는가에 관한 중대한 질문을 해볼 필요가 있다.

바른 접근 방법

오늘날 우리는 성경의 권위 문제에 어떻게 접근해야 할까? 지면이 한정되어 있기에 여기서는 바른 접근 방법이라고 믿는 것에 대해 단지 윤곽만을 제시할 수 있을 것 같다. 여기에서 내가 목적하는 바는 다만 우리가 성경의 권위 문제를 대할 때 항상 염두에 두어야 할 몇 가지 원칙에 주의를 기울이게 하는 것이다.

성경은 전체적인 관점에서 봐야 한다

성경의 권위 문제를 고찰할 때는 전체적인 관점에서 접근해야 한다. 곧바로 세부적인 것에서부터 시작하지 않는 것이 매우 중요하다. 많은 사람들은 특정한 문제나 아주 세부적인 것에서부터 시작하기 때문에 어려움에 처한다. 세부적인 것에 너무 몰입한 나머지 중요한 핵심을 놓치는 것이다. 전체에는 부분들이 있다. 하지만 전체는 부분들을 단순히 합쳐 놓은 것과 같지 않다.

만일 우리가 성경의 권위 문제에 관심을 갖고 있다면, 먼저 성경 전체에서 시작한 뒤 세부적인 것들을 전체의 빛에 비추어 살펴봐야 한다. 이때 반대로 진행하지 않는 것이 가장 중요하다.

우리 삶의 많은 영역들에 있어서도 동일한 원리가 적용된다. 한 예로 영국 연방이 캐나다를 차지했던 방식을 생각해 보자. 영국은 단 한 번의 전투로 프랑스에게서 캐나다를 빼앗았다. 1759년 퀘벡 전투에서였다. 물론 그 단 한 번의 전투 결과가 결정적이기는 했지만, 캐나다 전 영토를 차지하는 데는 오랜 기간이 걸렸고, 수많은 작은 전투를 치러야 했다. 이것이 바로 전체를 차지하고 나서 점차 작은 부분들을 차지해 가는 것이다.

성경에 접근할 때도 이와 비슷한 순서를 따라야 한다. 물론 정말 어려운 문제들을 제기하는 경우도 있다. 그렇다고 해서 전체를 거부할 수는 없지 않겠는가? 어떤 과학 이론의 특정한 단계에서 세부적인 것을 설명할 수 없다고 해서 그 이론 자체가 거부되어서야 되겠는가? 태양에 흑점이 있다고 해서 태양의 존재나 가치를 불신해서야 되겠는가? 그럴 수 없다. 그것은 아주 잘못된 추리이며, 혼란을 초래할 뿐이다. 성경은 하나의 통일체를 구성하고 있으며, 그 권위는 완전하다.

그러나 이를 다 인정한다 해도, 아직 몇몇 어려운 문제와 의문이 남아 있을 것이다. 하지만 어떤 세부적인 것에서 출발한 후 그것이 불만족스럽다고 해서 "나는 성경의 권위를 절대 인정할 수 없습니다" 하고 말하는 것은 정말 비극적인 처사다. 이러한 태도가 잘못된 이유에 대해서는 잠시 후 설명하겠다.

성경의 권위 문제는 신앙의 문제다

궁극적으로 성경의 권위 문제는 논증의 문제가 아니라 신앙의 문제임을 깨달아야 한다. 물론 적절한 논증들이 많이 있다. 잠시 후에 나 역시 몇몇 논증들을 인용할 것이다. 논증들은 대부분 큰 가치를 지니고 있다. 성경의 권위를 지지하는 데 인용된 논증에는 과학적 논증, 역사적 논증, 고고학적 논증, 그리고 합리적 논증 등이 있다.

그러나 내가 말하려고 하는 요점은 우리가 이 모든 논증을 인용해 상대방으로 하여금 우리의 말을 지적으로 확신하게 만들 수는 있을지라도, 상대방이 여전히 성경의 권위를 믿거나 받아들이지 않을 수 있다는 것이다. 진정으로 그리스도를 영접해 그리스도인이 되지 않고서도 얼마든지 그리스도에 관한 진리를 지적으로 알고, 지적으로 동의할 수 있다. 성경에 대해서도 마찬가지다.

내가 이 사실을 강조하는 이유는 보수 복음주의자들조차 때로 이러한 함정에 빠졌기 때문이다. 그 함정은 일종의 합리주의였는데, 그것은 실제로 우리의 입장과 일치하지 않았다. 물론 이러한 논증들에 진정한 가치가 없는 것은 아니다. 그러나 결국 종교개혁자들이 가르친 대로, 누구든지 '성령의 내적 증거' 없이는 진정으로 성경의 권위를 믿거나 이에 순응할 수 없는 것이다. 우리가 성경의 권위에 대해 궁극적인 확신을 갖게 된 것은 오직 성령의 사역, 즉 성령의 조명 때문이다. 이는 사도 바울이 고린도전서 2장 14절에서 분명히 진술한 말을 다른 말로 바꿔 놓은 것에 지나지 않는다.

"육에 속한 사람은 하나님의 성령의 일들을 받지 아니하나니 이는 그것들이 그에게는 어리석게 보임이요, 또 그는 그것들을 알 수도 없나니 그러한 일은 영적으로 분별되기 때문이라" (고전 2:14).

이 문제에 대해서는 의심의 여지가 없다. 솔직히 이 문제를 다음과 같이 말할 수도 있다.

"비그리스도인은 성경의 권위를 믿을 수 없다. 또한 그에게 믿기를 기대해서도 안 된다. 성경의 권위에 대해 그와 논쟁하는 것은 시간 낭비일 뿐이다. 현대의 합리주의자나 불신자와 맞서서 '우리는 먼저 성경에 대해 의견의 일치를 봐야 한다. 당신은 하나님의 말씀인 성경을 믿는가? 성경의 권위를 인정하는가, 아니면 인정하지 않는가? 만일 인정하지 않는다면 당신과 토론하는 것은 불가능하다' 하고 따지며 논쟁하는 것은 쓸모없는 짓이다."

이러한 변론은 잘못된 것이다. 만일 상대방이 비그리스도인이라면 아무리 노력해도 성경의 권위를 받아들이지 못한다. 성경의 권위를 받아들이는 사람은 그리스도인뿐이다.

여기서 내가 이 사실을 강조하는 또 하나의 이유가 있다. 만일 우리가 먼저 논증으로 성경의 권위 문제에 접근할 경우 우리의 입장을 타협하게 되는 중대한 위험에 직면하게 되기 때문이다. 지난 세기에 선조들이 바로 이와 같은 일을 했다고 생각한다. 그들은 과학의 진보와 함께 생겨난 '새로운 지식'에 압도당했다. 생물학이나 지질학이 하는 말에 지나치게 근심했다. 따라서 많은 사람들이 성경을 이들 새로운 지식과 조화시키고자 심각하게 고민했다. 여기에는 '새로운 지식은 반드시 옳다'는 무언의 가정이 들어 있었다.

유감스럽게도 몇몇 보수 복음주의자들 가운데 이런 일을 하려는 사람들이 있는 것 같다. 그들에게는 소위 '과학'이라고 하는 것에 대한 두려움이 있다. 과학이 최상의 권위가 되어 버렸다. 사람들은 결코, 조금도 양보하지 말아야 할 것을 두려운 마음에 기꺼이 양보하려고 한다.

만일 과학의 역사를 공부해 본다면, 하나의 가정에 불과한 과학이 가지고 있는 최상의 권위를 향한 존경심이 처음보다 훨씬 줄어들 것이다. 약 100년 전만 하더라도 과학자들이 독단적으로, 또한 최고의 확신을 가지고 갑상선, 뇌하수체와 여타 분비선들이 퇴화 기관에 불과하다고 가르쳤다. 그들은 이 내분비선들이 아무런 가치와 기능이 없다고 말했다. 이것은 단순한 이론이 아니었으며 사실로 받아들여졌다. 그들은 독단적으로 이들 내분비선이 쓸모없는 퇴화 기관이라고 확언했던 것이다. 그러나 오늘날 우리는 이 내분비선들이 생명 유지에 없어서는 안 될 필수적인 기관들임을 알고 있다.

과학 자료들에 대해 상세히 논하지 않고서도 말할 수 있는 사실이 있다. 과학이나 현대 지식, 현대 학문에 실제로 존재하지도 않는 권위를 부여하는 일은 믿음이 부족한 것이며, 비성경적일 뿐 아니라 무지한 행위라는 것이다. 우리는 과학이 주장하는 것들에 대해 '과학적인' 회의를 가져야 한다. 너무나 많은 과학의 주장들이 단순한 가정이거나 증명조차 할 수 없는 것이며, 과거 100년 동안 수없이 많은 주장들이 그랬듯이 반증에 의해 허물어질 가능성이 많은 가설들임을 기억하자.

따라서 다시 한 번 말한다. 우리는 성경의 권위 문제가 근본적으로 논증의 문제가 아님을 깨달아야 한다. 성경의 권위 문제는 신앙의 문제다. 단지 논증의 가치는 신앙을 견고히 하고 변증하는 데 있다.

성경의 권위는 주장해야 할 진리다

성경의 권위는 변호하고 지키기보다는 주장해야 할 진리다. 나는 특별히 보수 복음주의자들에게 이 말을 하고 싶다. 위대한 인물이었던 스펄전이 한번은 이 문제와 관련해 다음과 같이 말한 것이 기억난다.

"사자가 공격을 당할 때 당신이 사자를 지킬 필요는 없다. 당신이 할 일은 문을 열고 사자를 우리 밖으로 내보내는 일이다."

성경의 진리와 권위를 진정 견고히 세우는 것은 성경을 해석하고 전파하는 것이다. 우리는 이 사실을 종종 기억할 필요가 있다. 나는 오늘날 이 말이 그 어느 때보다 중요하다고 믿는다. 오늘날과 같은 세상의 상황을 바로 설명해 주는 것은 성경 밖에 없다. 세상의 기원에 관한 문제나 이 세상 자체의 본질과 성격에 관한 문제를 예로 들어 보자. 실제 과학 연구 결과 "우주의 배후에는 어떤 위대한 이지적 존재나 위대한 건축가가 반드시 존재한다"는 결론에 도달한 과학자들이 이 시대에도 존재한다는 것을 우리는 알고 있다. 이것은 굉장한 고백이다. 성경은 언제나 이 사실을 확언해 왔다. 그런데 이제 겨우 몇 사람만이 그 사실을 인정하는 것이다.

이 세상의 상황을 생각해 볼 때 이 점은 더욱 명백해진다. 학문과 문화와 지식이 모두 진보하고 있음에도 불구하고 오늘날 평범한 한 사람을 볼 때, 신문지상에 묘사되고 있는 보통 사람을 볼 때, 또는 세상의 상황을 볼 때 당신은 뭐라고 말하겠는가?

생각이 있는 사람이라면 두 차례의 세계 대전에 대해 반드시 어떠한 설명을 찾으려고 할 것이다. 나는 성경이 주는 설명, 즉 죄에 대한 성경의 교훈만이 유일하게 타당한 설명이라고 확신한다. 그 외에는 어떠한 것도 타당한 설명을 해주지 못한다. 달리 말하면, 오늘날의 세상에 대한 타당한 세계관은 성경의 인간관, 타락관, 죄관에서만 발견된다는 말이다. 오직 이 교훈의 빛에 비추어서만 역사의 전 과정을 이해할 수 있다.

그런데 이제는 비평주의자들 스스로가 이 말을 하기 시작했다. 이는 매우 흥미로울 뿐 아니라 매우 중요한 사실이다. 예전에 비평주의자들은 이 사실을 부정했다. 인간과 타락, 그리고 죄에 대한 성경의 가르침을 부인했다. 그들은 죄라는 개념을 전적으로 싫어했다. 인간은 발전하며, 더 나아지고 있다고 믿었다. 인간은 점차 개선되고 있다고 말했다. 그러나 이제 그들은 성경 교훈의 진리를 인정할 수밖에 없게 되었으며, 성경의 진리, 또는 그와 매우 유사한 어떤 것으로 돌아오고 있다.

그들이 왜 돌아오고 있는가? 이것은 우리에게 매우 중요하다. 그들이 돌아와 성경의 교훈을 믿게 된 것은 두 차례의 세계 대전이 가져다준 무서운 파괴력 때문이지, 성경의 교훈 때문이 아니었다. 한 예로 조드 박사를 생각해 보자. 그는 전쟁과 히틀러의 행동, 그리고 전쟁 이전과 전쟁 중에 일어난 일들을 보며 악의 실재를 확신하게 되었다. 그는 그런 식으로 악과 죄의 실재를 믿게 되었고, 그것은 그로 하여금 하나님에 대한 신앙으로 돌아가게 했다.

그의 경로를 주의해서 보라. 그가 신앙을 갖게 된 것은 성경의 가르침 때문이 아니라 삶의 현실 때문이었다. 조드 박사는 인간과 세상에 관해 항상 가르쳐 온 성경의 권위에 굴복하기를 거절했고, 그와 같은 입장에 선 모든 사람 역시 거절하고 있다.

우리가 강조할 것은 이것이다. 즉 우리는 세상과 인간이 변해 가는 것 같은 상황을 따라 계속해서 우리의 입장을 바꾸기보다는 오히려 성경의 권위를 고수하며, 성경이 가르치는 교훈을 믿어야 한다. 어쨌든 많은 사람들이 성경의 가르침을 믿는다고 말하지만, 그 배경이나 역사적 관련성을 거부하는 현대주의 경향은 성경으로 진정 돌아가는 것도 아니고, 신학에 있어서 급진적인 변화를 가리키는 것도 아니다.

또는 이 문제를 이렇게 생각해 보자. 그들은 성경에 대한 고등 비평이 성경의 가르침에 대해 너무나도 놀랍고 새로운 통찰력을 제공해 주었기 때문에 이제는 비평주의 시대 이전으로 되돌아갈 수 없다고 말한다. 그러나 이렇게 끊임없이 말하는 그들에게 "새로운 통찰력이란 대체 무엇인가?" 하고 질문해 보라. 그러면 그들이 발견했다는 새로운 통찰력이라는 것이 보수 복음주의자들이 항상 가르쳐 온 메시지 외에는 아무것도 아니라는 사실을 분명히 확인하게 될 것이다. 그래서 많은 비평 자료로 인해 빛을 보게 된 소위 '새로운 통찰력'이라는 것이 단순히 교리에 관한 이탈에서 제자리를 찾게 하는 것임을 발견하게 된다. 이것이 내가 성경의 권위를 변호하고 지키기보다는 확실하게 주장해야 한다고 말하는 이유다.

오늘날 복음주의 그리스도인들은 성경의 권위를 확실하게 주장해야 한다. 세상과 맞서 비평주의자들이 거룩한 성도들에게 단번에 확실하게 전해졌고, 복음주의자들이 수 세기 동안 믿어 온 것들로 되돌아가고 있는 실상을 보여 주어야 한다.

성경 전체가 하나님의 말씀이다

우리는 신구약 성경 전체가 하나님의 말씀임을 선언해야 한다. 성경의 권위에 대해 말할 때 이 원리는 성경의 하나의 특성을 가리키며, 성경은 이 특성에 대한 믿음과 순종을 요구한다. 이제 이 주장의 타당성을 증명해 보자. 왜 우리는 성경의 일부가 아니라 전체가 하나님의 말씀이라고 주장하는가? 첫째 이유는 앞서 언급했다. 즉 성경 자체에는 구분이나 구별이 지어져 있지 않기 때문이다. 성경은 하나의 통일체로서 우리에게 제시된다.

둘째, 성경의 계시는 흔히 역사에 의해, 그리고 역사를 통해 이루어졌기 때문이다. 따라서 성경의 계시들을 서로 분리시키기란 불가능하다. 하나님은 직접적으로 말씀하기도 하셨고, 인간의 행위를 통해서, 혹은 다른 방법으로 자신을 계시해 오셨다. 이스라엘과 관련되어 있는 다른 나라들의 역사 또한 이러한 계시의 일부분이다. 무엇이 계시와 관련이 있는지, 무엇이 무관한지를 어떻게 결정할 수 있겠는가?

셋째, 더욱 중요한 이유는 구원 문제에 있어서 절대적으로 중요한 성경 교리들이 역사적인 사실에 의존하고 있기 때문이다. 로마서 5장 12 - 21절에 나타난 사도 바울의 논증을 살펴보자. 이 말씀은 성경과 현대 과학의 관계에 대한 전반적인 문제를 예리하게 제시해 주는 중요한 구절이다. 여기에서 사도 바울은 그리스도와의 연합에 관한 영광스러운 교리를 펼쳐 보인다. 그러면서 이 교리를 우리가 이전에 아담과 연합되어 있었던 사실과 관련시킨다.

"아담 안에서 너희가……했던 것처럼 그리스도 안에서 너희가……하니라."

타락과 죄에 관한 성경의 가르침을 받아들이지 않으면 그리스도 안에 있는 속죄와 구속에 대한 신약의 교리를 결코 믿을 수 없다. 누군가 "신약의 분명한 교리들은 믿을 수 있습니다. 하지만 창세기의 처음 몇 장은 아무래도 받아들일 수 없으며, 타락의 교리는 믿지도 않습니다" 하고 말할 수도 있다. 그러나 그 즉시 다음과 같은 근본적인 질문들이 제기된다.

"왜 사람들에게 구원이 필요한가?"

"사람들은 도대체 어떻게 이 지경에 처하게 되었는가?"

"사람들은 하나님으로부터 분리되어 있는가, 아니면 하나님을 향해 천천히 올라가고 있는가?"

"그리스도께서는 타락의 결과들로부터 사람들을 구원하기 위해 오셨는가, 아니면 단순히 사람들의 진보와 발전에 어떤 자극을 주기 위해 오셨는가? 어느 것이 사실인가?"

"그리스도께서 십자가 위에서 사람들을 위해 이루신 일은 무엇인가?"

"속죄의 본질적인 성격은 무엇인가?"

성경의 가르침에 따르면, 속죄의 교리는 타락의 교리와 죄의 교리로부터 떼어 낼 수 없다. 또한 이 주장은 우리로 하여금 곧바로 역사의 문제와 직면하게 만든다. 인간은 창세기가 말하는 대로 완전하게 창조되었다가 이후 타락했거나, 아니면 동물로부터 점차 진화했으나 결코 완전에 이르지 못하거나, 둘 중 하나다. 이 문제에 대한 신약의 가르침은 의심의 여지없이 분명하다.

이제 성경을 일일이 쪼개어 나눈 후 창세기의 첫 부분을 거부하면서 "저는 단순히 저의 과학적 소양으로 받아들일 수 없는 것을 거부할 뿐입니다"라고 말하는 것이 얼마나 위험한지 깨달았을 것이다. 이것은 단순히 과학적 소양이 받아들일 수 없는 것을 거부하는 것이 아니다. 실은 속죄 교리의 본질적인 부분을 거부하고 있는 것이다.

고린도전서 15장에서 사도 바울은 이와 동일한 이론을 전개하고 있다. 이것은 신약의 화목 교리 문제에 있어서 본질적인 부분이다. 주님의 교훈 역시 같은 방식을 취하고 있다는 사실은 이러한 입장을 더욱 확고히 해준다. 주님도 인류의 기원에 관한 성경의 가르침을 믿으셨다. 구약의 제사 제도에 관한 가르침을 믿으셨고, 이 모든 것이 주님 자신을 가리키는 예표이자 그림자임을 믿으셨다. 주님은 이렇게 말씀하셨다.

"내가 율법이나 선지자를 폐하러 온 줄로 생각하지 말라 폐하러 온 것이 아니요 완전하게 하려 함이라"(마 5:17).

그렇다면 어떻게 이러한 역사적 사실들을 거부할 수 있겠는가? 어떻게 주님이 단순히 그분이 사시던 시대의 사고방식을 따라 생각하시는 분이라고, 또한 오늘 우리가 아는 대로 과학적으로 옳지 않은 것들을 사실로 받아들였던 그 시대가 낳은 인물이라고 말할 수 있겠는가? 어떻게 이렇게 말하면서 여전히 주님의 권위를 믿을 수 있겠는가? 우리는 즉시 심각한 모순에 빠지고 만다.

이 사실을 좀 더 설명해 보자. 주님은 이혼에 관한 바리새인의 질문에 대답하시면서 이렇게 물으셨다.

"사람을 지으신 이가 본래 그들을 남자와 여자로 지으셨다는 것을 읽지 못하였느냐"(마 19:4-5 참조).

이 사실을 인정하는가? 또한 요한복음 5장 46절에서도 이와 같은 태도를 찾아볼 수 있다. 주님이 구약을 인용하신 수많은 구절들을 살펴보면 구약성경 전부를 받아들이는 입장에서 말씀하셨다는 사실을 알 수 있다. 이는 이 문제에 관해 기록된 몇

몇 저서들과 논문에서 증명된 바 있다.

이 문제에 대한 충분한 답이 되리라고 생각되는 성경 한 구절만 더 인용하겠다. 누가복음 24장 44절에서 주님은 부활하신 후 제자들에게 다음과 같이 말씀하셨다.

"내가 너희와 함께 있을 때에 너희에게 말한 바 곧 모세의 율법과 선지자의 글과 시편에 나를 가리켜 기록된 모든 것이 이루어져야 하리라 한 말이 이것이라"(눅 24:44).

여기에서 주님은 구약 전체를 말씀하고 계신다. 예수 그리스도께서는 구약 전부를 받아들이신 것이다. 그분은 구약 전체가 자신을 가리킨다고 말씀하셨다. 따라서 만일 사람들이 제시하는 인위적인 구별에 빠지게 되면 그 즉시 우리가 예수 그리스도의 권위와 충돌하고 있음을 발견하게 된다.

이제 실제적이면서 동시에 우리의 입장과 직접적으로 관련된 문제를 살펴보자. 여기서 나는 사실 무근의 이론에 기초한 논증들을 우리 입장의 근거로 삼는 것의 위험성에 대해 지적하고자 한다. 신학적인 문헌이나 책을 읽는 사람이라면 지난

10년 내지 15년 동안 '확실한 결과'라는 말을 거의 볼 수 없었다는 사실을 매우 흥미롭게 관찰했을 것이다. 수년 전만 하더라도 이 말은 굉장한 표현이었다.

'확실한 비평 결과들', '현대 지식의 확실한 결과들.'

이 두 가지 표현들을 마지막으로 본 적이 언제인지 기억이 나지 않지만, 여하튼 이 표현들은 근래의 문헌에서 사라져 버렸다. 이것은 별로 놀라운 일이 못 된다. 한때 우리는 "이것은 확실합니다" 하고 무조건적이고 단도직입적으로 말하는 것을 너무나 많이 들어 왔다. 그러나 성경의 진실성을 부정하는 이 말들은 하나씩 철회될 수밖에 없었다. 고고학 분야에서의 최초의 발견, 혹은 여타 연구의 업적들은 이전에 비평주의자들이 부인했던 성경이 말하는 사실들이 진실이라는 것을 명백하게 입증해 왔다.

이제 한 가지 예만 더 들고 마치겠다. 비평주의자들은 벨사살이라는 인물이 결코 존재하지 않았다고 확언했다. 그들은 매우 확신에 차 있었다. 그러나 오늘날 이 성경의 이야기가 사실이라는 것이 인정되고 있다. 이것은 과학과 사실의 문제다. 그래서 우리는 과거에 거침없이 단도직입적으로 확언된 것들이 틀렸다는 사실을 점점 더 많이 발견하고 있는 것이다.

어떤 영역에서든지 우리의 성경관과 성경 기록의 근거를 현대 지식이나 현대 과학으로 입증된 것처럼 보이는 무언가에 두어서는 안 된다. 이보다 더 위험한 것은 없다.

성경의 유일성

이제 일반적인 분야에서 특수한 분야로 옮겨 가서 세밀한 논증들을 살펴보자. 성경의 권위를 입증하기 위해 성경 자체에서 강력하고 설득력 있는 논증들을 인용하는 것, 이것은 종교개혁자들과 그들 이후에 등장한 17세기 위대한 교리학자들의 관례다. 이들 중 일부를 살펴보자. (이는 매우 흥미롭고 중요할 뿐 아니라 믿음을 굳건하게 하기 위해 필요하다. 또한 제한적이지만 변증적 가치도 지니고 있다.) 종교개혁자들이나 교리학자들은 성경의 권위에 대해 성경 자체에서 충분한 논증을 발견할 수 있다고 확신했다.

첫째, 그들은 성경에서 자신에 관해 말씀하시는 하나님의 위엄에 주의를 집중했다. 그들은 인간은 이러한 유의 위엄을 만들어 낼 수 없다고 말했다. 성경을 읽으면 스스로를 나타내시고 계시하시는 하나님의 위엄에 맞닥뜨리게 된다.

둘째, 그들은 성경의 진실성, 정직성, 정확성, 그리고 사실들이 성경 안에서, 또 세상의 역사에 의해서 끊임없이 확인되어 온 방식을 강조했다.

셋째, 그들은 성경에 계시된 신비한 진리들의 숭고함을 제시했다. 성경을 읽으면 일찍이 토머스 칼라일이 "무한함과 광대함"이라고 불렀던 그 무언가에 의해 깊은 감명을 받지 않을 수 없다. 또한 궁극적이며 영원한 신비에 맞닥뜨리고 있다는 사실을 의식하게 된다. 그 신비와 얼굴을 마주하고 있으면 인간의 철학이나 탁월한 시인의 훌륭한 내적 통찰이라 할지라도 보잘것없이 빛을 잃고 만다는 사실을 고백하지 않을 수 없다. 하나님의 신비의 초월적인 영광이 성경의 진정한 가치를 증명해 주는 것이다.

넷째, 그들은 성경의 교훈과 그 명령의 완전성, 특히 성경을 역사적인 배경에 가져다 놓았을 때의 완전성을 근거로 제시했다. 성경에는 부패한 도덕 한가운데 마치 거대한 히말라야산맥처럼 우뚝 솟아 있는 교훈이 있다. 완전한 윤리, 도덕적 교훈과 명령이 있는 것이다.

다섯째, 그들은 심오하고 단순하며, 명확하고 간단한 성경의 표현 방식을 지적했다. 우리도 가끔 이러한 사실에 감탄해 하지 않는가? 우리는 기껏해야 장황하게 말을 늘어놓을 뿐이다. 심지어 어떤 사람들은 더 장황하게 늘어놓는다. 성경에서 발견하게 되는 놀라운 사실은 어떻게 그처럼 간결한 말로 사건을 묘사하며 위대한 교리를 전달할 수 있는가 하는 것이다. 그러면서도 그 속에 있어야 할 것은 다 있다. 이것은 인간이 만들어 낸 것이 아니다.

여섯째, 그들은 죄인의 마음을 움직이게 하는 성경의 능력을 들었다. 이에 관해서는 역사상 위대한 기록이나 전기들이 많이 있다. 성경 말씀이 사람들의 손에 들렸을 때 (때로는 전혀 무지한 사람인데도) 얼마나 자주, 또한 강력하게 역사해 그들의 생애를 변화시키고, 그리스도 안에 있는 하나님에 대한 지식으로 인도해 주었는가! 성경은 놀라운 능력을 소유한 책이다. 성경은 구원에 이르게 하는 하나님의 능력이다.

일곱째, 그들은 성경이 시간과 반대에 부딪쳤을 때에도 진실성을 잃지 않고 유지하는 능력을 가졌음을 지적했다. 성경은 이때까지 공격을 당해 왔고, 앞으로도 그러할 것이다. 그러나 성경은 진실성을 잃지 않는다. 내가 여기서 다시 한 번 상기시키는 이 사실은 오늘날 우리가 확실하게 주장해야 할 사실이다. 나는 고고학적 발견을 지나치게 주장하고 싶지는 않다. 하지만 지금까지 발견된 여러 중요한 결과들이 성경을 더욱더 확증해 주고 있다는 사실은 모두가 인정할 것이다. 성경은 시간과 생각해 낼 수 있는 모든 반대에 부딪쳤을 때에도 결코 변하지 않는다.

마지막으로, 그들은 신약과 구약 사이에 존재하는 뚜렷한 조화와 성경 각 권 사이에 존재하는 완전하고 궁극적인 일치를 강조했다. 성경은 1600년 이상 걸려서 40명이 넘는 저자들에 의해 기록된 66권의 책으로 구성되어 있다. 그럼에도 불구하고 실질적으로 이들 각 권은 모두가 동일한 내용을 말하고 있다. 어거스틴이 표현했듯이 "신약은 구약 속에 잠재해 있고, 구약은 신약에 드러나 있다." 구약과 신약의 주제들은 서로 완전하게 얽혀 있다. 동일한 메시지가 신구약을 관통해 흐르고 있는 것이다.

성경의 통일성은 그 자체로 충분해 다른 이유를 들지 않는다

하더라도 성경에 최상의 궁극적인 권위를 부여해 준다. 성경이 처음부터 끝까지 모든 것을 포함하고 있고, 영원한 하나님의 말씀이라는 사실은 이 말 외에는 단순히 설명할 수가 없다.

성경 자체의 주장

여기서 그치지 않는다. 우리는 종교개혁자들이 즐겨 사용했던 일반적 논증의 범위를 넘어설 수 있다. 무엇보다 가장 중요한 논증은 성경 자체가 성경의 권위를 주장하기 때문에 성경의 권위를 믿어야 한다는 것이다. 성경은 하나님의 말씀으로서 우리에게 제시된다.

우리가 잠시 구약과 신약을 따로 떼어 놓고 보면 이 주장이 특별히 구약에 들어맞는다는 것을 알 수 있다. 구약을 읽다 보면 그것이 하나님의 말씀이라는 것을 어디에서나 찾을 수 있다. "여호와께서 말씀하시기를", "여호와께서 명하시기를", "여호와의 말씀이 임하니라" 등의 표현이 구약에서 실제로 3,808회나 사용되었다. 이를 기록한 구약의 저자들은 이것이 결코 자신들의 생각이 아님을 명백히 하고 있다. 그들은 자신의 통찰력이나 명상, 또는 사고의 결과를 기록하지 않았다. 그들은 항상 "여호와의 말씀이 임했다", "여호와의 말씀이라", "하나님이 보이셨다", "여호와께서 말씀하셨다"고 주장했다. 그들은 어디서든 이러한 주장을 내세웠다. 이것이 그들이 가진 배경의 전부이자 그들이 전하는 메시지의 필수적인 부분이다.

성경 자체가 이것을 주장할 뿐 아니라 유대인들 역시 언제나 성경을 이런 식으로 받아들였고, 또 당연히 그렇다고 생각했다. 사실 유대인들은 그들이 가진 성경(구약)이 하나님의 말씀이라는 것을 당연하게 받아들였다. 사도 바울이 로마서 3장 1-2절에서 유대인들의 생각을 대변한 말을 들어 보자. 그는 유대인들도 이방인들과 똑같이 하나님 앞에 죄인이라는 사실을 설명한 후에 그 유명한 수사적 질문을 던졌다.

"그런즉 유대인의 나음이 무엇이며 할례의 유익이 무엇이냐"
(롬 3:1).

그리고 "범사에 많으니 우선은 그들이 하나님의 말씀을 맡

았음이니라"(롬 3:2)라고 답했다. 모든 유대인이 이렇게 생각했다. 그들은 자신들이 가진 구약성경과 여타 모든 책을 구별했고, 구약의 책들이 당연히 살아 계신 하나님의 말씀이라고 여겼다.

주님의 가르침

앞서 언급했듯이 우리 주님은 이러한 입장을 전적으로 받아들이셨다. 예수님이 "기록되었으되"라는 말씀을 얼마나 자주 하셨는가! 주님은 성경을 궁극적인 권위로 가르치신 것이다. 주님은 사탄의 공격에 맞서 성경 말씀을 인용하셨다. 자신에게 있어서 성경 말씀이 지니는 가치를 보여 주신 것이다. 또한 앞서 지적한 대로, 주님은 인용하신 수많은 성경 말씀을 통해 이 점을 항상 되풀이해 강조하셨다.

이제 몇 가지 실례를 들어 보자. 마가복음 12장 26-27절에서 예수님은 이렇게 말씀하셨다.

"죽은 자가 살아난다는 것을 말할진대 너희가 모세의 책 중 가시나무 떨기에 관한 글에 하나님께서 모세에게 이르시되 [주님은 이 사건을 사실로 믿고 계셨다. 모세는 단순히 환상을 보거나 상상하거나 자신의 경험을 회화적으로 묘사한 것이 아니었다. 주님은 이 사건을 역사적 사실로 받아들이셨다] 나는 아브라함의 하나님이요 이삭의 하나님이요 야곱의 하나님이로라 하신 말씀을 읽어 보지 못하였느냐 하나님은 죽은 자의 하나님이 아니요 산 자의 하나님이시라 너희가 크게 오해하였도다 하시니라"(막 12:26-27).

같은 사건을 기록하고 있는 마태복음에서 예수님은 의미심장한 말씀을 덧붙이셨다.

"너희가 성경도, 하나님의 능력도 알지 못하는 고로 오해하였도다"(마 22:29).

우리 주님은 이 모든 말씀을 권위 있는 것으로, 또한 궁극적인 것으로 생각하셨다. 그리고 요한복음 10장 34-35절에서는 특별히 흥미를 끄는 말씀을 하셨다.

"예수께서 이르시되 너희 율법에 기록된 바 내가 너희를 신이라 하였노라 하지 아니하였느냐 성경은 폐하지 못하나니 하나님의 말씀을 받은 사람들을 신이라 하셨거든"(요 10:34-35).

주님은 이렇게 말씀하신 뒤 계속해서 자신의 주장을 입증하셨다. 여기에서 가장 중요한 말씀은 '성경은 폐하지 못하나니'라는 어구다.

사실 주님의 말씀으로부터 이런 실례들을 장황하게 인용하는 것은 매우 간단한 일이다. 실상 주님은 끊임없이 "나와 내 말이 참인지 거짓인지 확인해 보라. 구약성경으로 확인해 보라. 구약성경을 찾아보고, 구약성경 전부를 하나하나 연구해 보라"고 말씀하신다. 이외에도 주님은 구약성경을 이용해 자신의 교훈을 설명하시며 자신에 관한 진리를 증명해 보이셨다. 주님의 교훈 전체가 구약성경의 배경과 관련해 제시되었다. 바로 여기에 구약성경의 권위에 대한 중대한 단언이 있는 것이다.

구약에 대한 신약의 태도

신약 27권 전체 역시 동일한 방법을 채택하고 있다. 즉 구약의 인용은 신약 각 권에서 모두 발견되며, 하고자 하는 주장이나 교훈을 확증하는 데 사용되었다. 이제 신약에서 특별히 가장 중심적인 위치를 차지하며, 가장 중요한 말씀에 주의를 돌려 보자. 먼저 잘 알려진 디모데후서 3장 16절 말씀이다.

"모든 성경은 하나님의 감동으로 된 것으로 교훈과 책망과 바르게 함과 의로 교육하기에 유익하니"(딤후 3:16).

바로 여기에 구약성경의 성격에 관한 구체적이고도 명백한 신약의 진술이 있다. 우리는 여기서 한 가지 사실에 주의할 필요가 있다. 한때 영국 개역 성경(English Revised Version)은 이 구절을 잘못 해석했다. 즉 이 구절을 "하나님의 감동으로 된 모든 성경은 또한 유익하니라"라고 번역했다. 개역 표준 성경(Revised Standard Version)은 오류를 수정 번역했다. 즉 이전의 옳은 번역으로 되돌아간 것이다.

이 구절은 '하나님의 감동으로 된 모든 성경은 또한 유익하니라'라는 뜻이 아니다. 이러한 동의 반복적인 표현은 성경에서 발견되지 않는다. 이제 우리는 '모든 성경은 하나님의 감동으로 되었다'라는 절대적인 주장에 주의를 기울여야 한다. 하나님이 성경 저자들에게 영감을 불어넣으셨다. 따라서 그 책이 성경으로서 권위를 갖게 된 것이다.

베드로후서 1장 20-21절을 보면 이와 비슷한 주장을 발견할 수 있다. 사도 베드로는 선지자들에 관해 이렇게 말했다.

"먼저 알 것은 성경의 모든 예언은 사사로이 풀 것이 아니니 예언은 언제든지 사람의 뜻으로 낸 것이 아니요 오직 성령의 감동하심을 받은 사람들이 하나님께 받아 말한 것임이라"(벧후 1:20-21).

'성경의 모든 예언은 사사로이 풀 것이 아니니'라는 구절에 대해 많은 오해가 있어 왔다. 많은 사람이 이 말씀을 '한 개인이 성경에 있는 예언을 순전히 혼자의 노력으로 해석할 수 없다'는 뜻으로 받아들인다. 그러나 사도 베드로는 그런 뜻으로 말하지 않았다. 그의 의도는 이렇다.

"나 자신이나 나의 증거만을 믿지 말라. 구약으로 돌아가서 기록된 예언들을 읽어 보라. 그 예언들이 그리스도에 의해 성취되고 증명된 것을 보라."

우리가 아는 대로 예언은 선지자들의 머릿속에서 나온 것이 아니다. 이들 선지자는 미래의 일을 내다보거나 앞으로 일어날 일을 알리는 일반적인 의미의 선견자가 아니었다. 다시 말해 사도 베드로는 다음과 같이 말했던 것이다.

"모든 예언은 사사로운 해석이 아니다. 예언은 역사나 사실, 또는 사건들에 대한 인간의 해석이 아니다. 예언은 인간이 고안해 내거나 만들어 낸 어떤 것이 아니다. 그러면 예언이란 무엇인가? 예언이란 인간의 뜻으로 된 것이 아니며, 그 출발이 인간에게 있지 않다. 예언은 하나님의 거룩한 사람들이 성령의 감동을 받고 성령의 인도를 받아 말한 것이다. 예언은 하나님에게서 나온 것이다. 이것이 바로 너희의 믿음이 확고한 기초에 근거하고 있는 이유다. 이것이 권위의 본질이다."

이 사실을 깨닫는 것은 얼마나 중요한가?

신약에서 발견되는 또 하나의 중요한 말씀은 베드로전서 1장 10-12절이다.

"이 구원에 대하여는 너희에게 임할 은혜를 예언하던 선지자들이 연구하고 부지런히 살펴서 자기 속에 계신 그리스도의 영이 그 받으실 고난과 후에 받으실 영광을 미리 증언하여 누구를 또는 어떠한 때를 지시하시는지 상고하니라 이 섬긴 바가 자기를 위한 것이 아니요 너희를 위한 것임이 계시로 알게 되었으니 이것은 하늘로부터 보내신 성령을 힘입어 복음을 전하는 자들로 이제 너희에게 알린 것이요 천사들도 살펴보기를 원하는 것이니라"(벧전 1:10-12).

사도 베드로는 선지자들조차 자신들이 기록한 것을 완전히 이해하지는 못했다는 뜻으로 말했다. 그들은 받아서 기록했을 뿐이다. 그들은 연구하고 노력했으나 완전히 깨달을 수는 없었다. 다만 일이 이루어질 것을 멀리 내다보았을 뿐이다. 그들은 성령의 인도하심과 지배를 받았다. 그들은 정확 무오했으나 그들 자신의 이해의 결과로 된 것이 아니었다. 그것은 오로지 성령의 인도하심과 역사였다.

이외에도 우리가 사용할 수 있는 논증들이 참으로 많다. 신약에서 구약의 책들을 언급할 때는 언제나 변함없이 그것을 기록한 저자들이 아니라 그들에게 메시지를 주사 기록하게 하신 성령을 주체로 하고 있다. 한 예로 사도행전 28장 25절을 보자.

"서로 맞지 아니하여 흩어질 때에 바울이 한 말로 이르되 성령이 선지자 이사야를 통하여 너희 조상들에게 말씀하신 것이 옳도다"(행 28:25).

진정 신약에서 가장 흥미롭고도 우리의 마음을 사로잡는 한 가지 사실은 신약의 저자들이 때때로 구약의 말씀을 들어 그 말씀에 새로운 의미를 부여하고 있다는 것이다.

한 예로 바울이 하박국서에서 인용해 "오직 의인은 믿음으로 말미암아 살리라"라고 말한 로마서 1장 17절을 생각해 보자. 어떤 의미에서 바울은 하박국 선지자가 이 구절을 사용했던 방식과 완전히 똑같이 이 구절을 사용하지는 않았다. 그러나 그럼에도 불구하고 이것 역시 진리다. 여기에 어떤 모순이 있는가? 전혀 없다. 둘 다 진리인 것이다. 바울을 통해 말씀하고 계신 성령께서는 하박국 선지자를 통해 말씀하신 성령과 동일한 분이시다. 한 시대에서는 이렇게 적용되고, 또 다른 시대에서는 다르게 적용될 뿐이다. 주관하시고 지도하시고 다스리시는 성령께서는 동일한 분이시라는 것을 보여 주는 실례들은 얼마든지 있다.

사도들의 권위

이 시점에서 어떤 사람들은 이렇게 질문할지도 모르겠다.

"당신은 기껏해야 신약의 권위에 관한 문제를 제기했을 뿐이다. 당신은 논증의 근거를 신약의 주장에 두고 있다. 그렇다면 신약 자체는 어떠한가?"

내가 생각하기에 이 질문에 대한 답은 아주 간단한 것 같지만 우리가 종종 소홀히 하는 것이다. 이 시점에서 우리는 사도들의 권위와 맞서게 된다. 그러나 사실 이 말의 진정한 의미는 아무리 명확하게 깨닫는다 해도 부족하다. 신약에 있어서 가장 중요한 원리는 사도들의 권위다. 우리가 아는 대로 신약에 포함된 여러 책들의 정경성을 결정한 것은 사도성의 유무였다. 성령께서는 이 문제에 있어서 초대교회를 인도하셨다.

외경 복음서들이 나타났는데, 어떤 서신들은 매우 훌륭한 사람들에 의해 쓰였고, 그들은 훌륭한 말을 했다. 그러나 그것들이 전부 기록되지는 않았으며, 정경에 포함되지도 않았다. 왜일까? 그 책들은 사도성 시험을 통과하지 못했기 때문이다. 결국 정경에 포함된 책들은 사도들에 의해 쓰였거나, 그들의 제자, 또는 그들의 영향을 받은 사람들에 의해 기록된 것이다. 이것은 매우 중대하고도 근본적인 원리다.

우리는 항상 사도들이 스스로 독특한 권위를 주장한다는 사실을 제대로 깨달아야 한다. 사도들은 언제나 이 사실을 확실히 주장했다. 우리가 알다시피 주님은 이 세상에 계실 때 사도들을 보내시면서 복음을 전파하고 귀신들을 쫓아내는 권세를 주셨다. 사도들은 이러한 권위, 또는 권세 없이는 아무것도 할 수 없었을 것이다. 이 권위는 그들의 권위가 아니었다. 주님으로부터 온, 주님으로부터 받은 권위였다. 이는 그들이 기록한 성경에도 똑같이 적용된다. 그들이 기록한 것은 요한복음 16장 12-14절 말씀처럼 우리 주님이 하신 말씀의 성취였다.

"내가 아직도 너희에게 이를 것이 많으나 지금은 너희가 감당하지 못하리라 그러나 진리의 성령이 오시면 그가 너희를 모든 진리 가운데로 인도하시리니 그가 스스로 말하지 않고 오직 들은 것을 말하며 장래 일을 너희에게 알리시리라 그가 내 영광을 나타내리니 내 것을 가지고 너희에게 알리시겠음이라"(요 16:12-14).

사도들은 언제나 자신들이 말하고 쓴 것은 바로 이 약속의 성취이며 증거라고 주장했다. 사도들은 보통 사람의 자격으로 말한 것이 아니었다. 사도의 자격으로 말한 것이었다. 신약 서신들에서 사도들이 자신들을 소개하는 방식을 살펴보자. 사도 바울은 언제나 자신이 특별한 권위를 가졌다고 강조했다.

"그리스도 예수의 사도로 부르심을 받은 바울과"(고전 1:1).

이 말의 참뜻은 그가 '부르심을 받은 사도'였다는 것이다. 이것이 바로 바울의 논증과 가르침의 근거다. 또한 이것이 그가 고린도 교인들과 논쟁했던 이유다. 어떤 사람들이 여러 교회를 돌아다니며 바울의 사도권에 대해 의문을 제기했다.

"바울은 사도가 아니다. 그는 주님과 함께 다니지도 않았으며, 그분과 함께 있지도 않았다. 그는 나중에 들어온 자이며 훼방꾼이다. 그는 자신과 자신의 교훈을 내세우려 하고 있다!"

이러한 이유로 바울은 항상 자신이 사도라는 사실을 주장하기 위해 매우 고심했다. 그는 자신이 사도라는 사실에 대한 확실한 증거 몇 가지를 제시했다. 그중 최고의 증거는 부활하신 주님을 보았다는 사실이었다(고전 9:1). 부활하신 주님을 보지 않고서는 어떤 사람도 사도가 될 수 없었고, 따라서 그리스도의 부활에 대한 증인이 될 수 없었다. 온전히 회개하고 상당한 영적 통찰력까지 갖춘 매우 훌륭한 사람이 있다 치자. 그는 훌륭한 복음 전파자일지도 모른다. 그러나 부활을 직접 목격한 자로서 "내가 부활하신 주님을 봤다"고 증거할 수 없다면 사도가 될 수 없다. 고린도전서 9장과 10장에서 바울이 주장하고 있는 요점은 이러한 사실에서 연유한 것이다.

사도가 되기 위해서는 부활하신 주님을 친히 뵈어야 했을 뿐 아니라 직접 주님에 의해 특별히 사도로 부르심을 받고 임명되었음을 주장할 수 있어야 했다. 또한 구체적으로 이 주장을 증명해 보일 수 있어야 했다. 바울과 베드로, 그리고 요한은 바로 이 사실을 주장했다. 그리고 바로 이 사실에 그들이 가진 권위의 모든 근거가 있었다. 그래서 그들이 말할 때 그것은 단순히 사람으로서 말한 것이 아니었다. 데살로니가전서 2장 13절에서 바울이 한 말을 들어 보자.

"이러므로 우리가 하나님께 끊임없이 감사함은 너희가 우리에게 들은 바 하나님의 말씀을 받을 때에 사람의 말로 받지 아니하고 하나님의 말씀으로 받음이니 진실로 그러하도다 이 말씀이 또한 너희 믿는 자 가운데에서 역사하느니라"(살전 2:13).

그들은 하나님으로부터 보내심을 받은 사람들로서 사도들만이 가질 수 있는 권위로 말했다. 때로 사도 바울은 이 사실에 대해 "그러나 우리나 혹은 하늘로부터 온 천사라도 우리가 너희에게 전한 복음 외에 다른 복음을 전하면 저주를 받을지어다"(갈 1:8)라고 아주 강경하게 표현하기도 했다. 이보다 더 강한 표현이 어디 있겠는가! 이어서 바울이 뭐라고 말하는지 들어 보자.

"형제들아 내가 너희에게 알게 하노니 내가 전한 복음은 사람의 뜻을 따라 된 것이 아니니라 이는 내가 사람에게서 받은 것도 아니요 배운 것도 아니요 오직 예수 그리스도의 계시로 말미암은 것이라"(갈 1:11-12).

바울은 "내가 전하는 것은 다른 사도들이 나에게 말해 주거나 가르쳐 준 것이 아니다. 내가 전파하는 것은 그들이 가르치는 내용과 같다. 하지만 그들에게서 받은 것이 아니다. 나는 그 가르침을 예수 그리스도로부터 받았다", 즉 "내가 너희에게 전한 것은 나 역시 받은 것이다. 그러나 나는 그것을 주님에게서 받았다"는 뜻으로 말한 것이다.

바울의 권위는 주님으로부터 직접 받은 것이었다. 이것이 바로 사도적 권위다. 이것이 바로 사도들이 복음을 전하거나 성경을 기록하는 일에 있어서 그들 스스로 주장했던 권위다. 그 결과 근본이 겸손한 사도 바울 같은 사람도 빌립보 교인들에게 편지를 쓰면서 "형제들아 너희는 함께 나를 본받으라"(빌 3:17)라는 말을 서슴지 않고 했던 것이다. 만일 그가 사도의 자격으로 말하지 않았다면 이 말은 순전히 자아도취적인 발언이었을 것이다.

사도들은 모두 이러한 권위를 가지고 편지를 썼다. 그들 모두는 책망하고 꾸짖으며 명령하고, 또한 교인들에게 자신들을 본받고 자신들의 의견에 따르며, 자신들이 행하는 길로 행할 것을 요구했다. 더 나아가 아주 흥미로운 사실은 다른 사도들의 이러한 권위를 서로 인정했다는 것이다. 사도 베드로가 사도 바울의 권위를 얼마나 눈에 띄게 인정하고 있는지 살펴보자. 베드로는 그리스도의 재림과 세상의 종말에 관해 다음과 같이 말했다.

"……우리가 사랑하는 형제 바울도 그 받은 지혜대로 너희에게 이같이 썼고 또 그 모든 편지에도 이런 일에 관하여 말하였으되 그중에 알기 어려운 것이 더러 있으니 무식한 자들과 굳세지 못한 자들이 다른 성경과 같이 그것도 억지로 풀다가 스스로 멸망에 이르느니라"(벧후 3:15-16).

여기에서 베드로는 바울의 글을 성경의 범주에 포함시키고 있다. 사도들은 각자에게 하나님으로부터 부여된 권위가 있음을 서로서로 인정했던 것이다.

이보다 더욱 흥미로운 사실은 초대교회의 모든 교인이 사도권을 인정했다는 점이다. 그들은 이 권위에 복종했다. 그들은 사도들의 말과 그들의 결정을 받아들였다. 말하자면, 사도권이 당시 보편적으로 인정되었던 것이다.

여기에서 한 걸음 더 나아가 보자. 좀 전에 초대교회가 사도권을 인정했다고 말했다. 바로 이것이 정경의 기준이 사도성에 있었던 이유다. 이것을 달리 표현하면, 교회가 '사도들과 선지자들의 터 위에' 세워졌다는 주장을 성경 어디에서나 찾아볼 수 있다는 것이다(엡 2:20). 사도들의 권위 외에 다른 권위는 도무지 찾아볼 수 없다. 사도들의 증거와 가르침을 떠나서 예수 그리스도에 대해 무엇을 알 수 있겠는가?

사도들의 권위야말로 복음서와 서신서들, 사도행전, 즉 사실상 신약 전체의 권위를 뒷받침하며, 이러한 권위의 근거가 된다. 우리는 이 권위를 받아들이거나 거부할 수 있을 뿐이다. 이 권위는 유일한 권위이며, 궁극적인 권위다.

사도들의 권위는 계속 존재할 수 없다. 왜냐하면 사도에게는 후계자가 있을 수 없기 때문이다. 사도라는 단어의 정의 자체가 후계자가 있을 수 없음을 말해 준다. 이 사실을 주장하는 이유는 로마 가톨릭이나 영국 국교회 가톨릭, 또는 '사도적 계승'이라는 날조된 교리를 가르치는 모든 사람에 반대하기 위해서다. 사도는 부활하신 주님을 친히 뵙고, 부활의 사실을 증거할 수 있는 사람이어야 하기에 후계자란 있을 수 없다. 처음에 택하심을 받았던 사도들에게는 후계자가 없었다.

부활하신 주님에 의해 특별히 부르심을 받고, 은사를 받았으며, 권위 있게 말하고 가르치도록 영감을 받았던 이들 외에 다른 사도는 없었다. 그런 일은 불가능하다. 새로운 계시는 있을 수 없다. 필요하지 않기 때문이다. 새로운 계시는 사도들에게 최종적으로 주어졌다(유 1:3). 교회는 사도들과 선지자들의 터 위에 세워졌다. 따라서 우리는 소위 새로운 계시나 모든 첨가된 교리들을 거부해야 한다. 모든 교훈, 모든 진리, 모든 교리를 성경에 비추어 시험해 봐야 한다고 소리 높여 외쳐야 한다.

하나님의 자기 계시는 구약에서 여러 부분으로 나뉘어 점점 명료하게, 점점 결정적으로 나타나 이윽고 '때가 차매' 성자 하나님 안에서 완전하고 절대적이며 궁극적인 계시에 이르렀다. 이제 그리스도께서는 그분의 뜻과 교훈을 사도들에게 밝히시고 제시하시며, 그들에게 독특한 권위를 부여하시고, 필요한 재능과 능력을 채워 주시며, 교회와 하나님의 백성의 안녕과 행복을 위해 없어서는 안 될 교훈들을 주셨다. 우리는 오직 이 유일하고 독특한 권위 위에 교회를 세울 수 있다.

오늘 우리에게 주어진 선택은 초대교회의 최초의 그리스도인들에게 주어진 선택만큼 참으로 단순하다. 이 권위를 받아들이든지, 아니면 현대 지식, 현대 과학, 인간적인 이해, 인간적인 능력의 권위를 받아들이든지, 둘 중 하나다. 이것 아니면 저것, 양자택일만이 있을 뿐이다. 이것도 저것도 아닌 입장을 내세우는 현대주의 주장에 속지 말라. 오늘날 우리는 모든 시대의 그리스도인들이 항상 처해 있던 그 상황에 여전히 처해 있다. 즉 지금도 여전히 문제는 '그리스도냐, 아니면 비평주의냐'다.

사실상 우리는 이제껏 제시해 온 이유들 때문에 선택의 여지가 없다. 한편은 인간의 능력과 이해를 의지하기 때문에 모든 것이 유동적이고 변할 뿐 아니라 불확실하고 불안정하며, 언제나 무너질 위험에 처해 있다. 그러나 다른 한편에는 성경이라는 견고한 반석이 있을 뿐 아니라 세상의 빛이시며 하나님의 말씀이신, 그리고 진리 자체이신 분이 계신다.

"주여, 주의 말씀은 영원하며 우리의 발걸음을 인도합니다. 그 말씀의 진리를 믿는 자는 빛과 기쁨을 얻습니다."

교회의 주 되시는 그리스도께서는 "천지는 없어지겠으나 내 말은 없어지지 아니하리라"(눅 21:33)라고 선언하셨다. 주님의 말씀은 시간적으로 영원한 말씀이며, 사망 가운데서도 영원히 없어지지 않는 말씀이다. 그분의 말씀은 영원 세계에서 만나게 될 말씀이다. 왜냐하면 하나님의 아들이 친히 이렇게 말씀하셨기 때문이다.

"내가 온 것은 세상을 심판하려 함이 아니요 세상을 구원하려 함이로라 나를 저버리고 내 말을 받지 아니하는 자를 심판할 이가 있으니 곧 내가 한 그 말이 마지막 날에 그를 심판하리라"(요 12:47-48).

Chapter
3

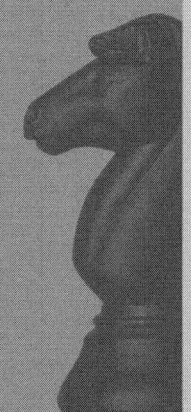

성령의
권위

먼저, 나는 실제적으로 볼 때 성령의 권위를 다루는 이 부분이 권위 문제에 관한 고찰 가운데 가장 중요하다고 생각한다. 내가 실제적인 관점에서 말하고 있음을 주의하기 바란다. 만일 우리가 성령의 권위를 알고 체험하지 않으면 이제껏 고찰해 온 모든 것이 전혀 무가치해질 수 있기 때문이다.

예수 그리스도의 권위와 성경의 권위는 순전히 지적인 방식으로 연구할 수도 있다. 또한 지적인 확신을 가질 수도 있다. 그러나 이 확신들이 우리의 삶이나 사역에 반드시 영향을 주는 것은 아니다. 성령의 권위가 우리에게 실제로 영향을 미칠 때 비로소 이 모든 것이 우리에게 사실이 되며, 능력 있게 살아

움직이는 것이다. 또한 우리가 성령의 권위와 능력 아래 있을 때에야 비로소 성경과 주님에 대해 믿는 모든 것이 우리의 사역에 적용될 수 있으며, 따라서 세상과 현재 상황에 대해 연관성을 가지게 된다. 그러므로 실제적으로 볼 때 성령의 권위가 무엇보다 중요하다는 것은 의심의 여지가 없다.

둘째, 흔히 사람들은 성경의 권위와 성령의 권위 사이에서 갈등한다. 그 원인에 대해서는 그 자체로 오랜 시간 세심하게 연구할 가치가 있지만, 여기서 우리의 관심사는 다른 데 있기 때문에 이 문제를 가지고 오래 끌 수가 없다. 다만 이러한 갈등이 17세기 청교도들 사이에서 심각한 문제가 되어 청교도를 두 개의 큰 분파로 갈라놓았다는 사실을 상기시키고 싶다.

그들 중에 오직 성령의 권위가 가장 중요하다고 주장했던 사람들이 나중에 '퀘이커교도'로 알려지게 되었다. 그들은 내적 빛, 내적 증거, 내적 체험, 그리고 내적 능력만이 중요하다고 말했다. 또한 성경의 중요성을 저평가하는 경향이 있었는데, 그들 중 어떤 사람은 성경이 전혀 필요 없다고까지 말했다. 이러한 태도는 자연히 성령의 지위와 영향력과 권위를 저평가하고 오직 성경의 권위만 강조하는 경향을 보인 반대파의 반발을 불러일으켰다.

물론 이와 같이 성경의 권위와 성령의 권위를 대치시키는 것은 순전히 인위적이며 허위에 지나지 않는다. 우리가 믿고 지켜본 대로, 성경을 기록하도록 사람을 감동시키고 인도하신 분이 성령이시라는 사실을 믿는다면 성경을 사용하는 것이 성령의 명백한 의도라는 사실이 분명해질 것이다.

그러나 이외에도 성경은 우리에게 영들을 살펴보고 조사하며 시험해 볼 것을 권한다. 불행하게도 세상에는 성령뿐 아니라 악의 영도 존재한다. 게다가 악의 영들은 항상 우리를 공격하고 있으며 우리에게 영향을 미치려고 한다. 사도 바울이 말한 것과 같이 "우리의 씨름은 혈과 육을 상대하는 것이 아니요 통치자들과 권세들과 이 어둠의 세상 주관자들과 하늘에 있는 악의 영들을 상대함"(엡 6:12)이다. 악의 영들은 우리를 속이며, 우리를 잘못된 길로 끌고 가려고 한다. 따라서 악의 영들과 우리 자신조차도 조사하고 시험해 볼 수 있는 유일한 길은 성경 말씀밖에 없다.

성령께서는 보통 성경 말씀을 통해 우리에게 말씀하신다고 성경이 주장하는 이유도 바로 이 때문이다. 성령께서는 하나님의 말씀을 비추시고, 또한 우리 마음을 밝히심으로써 우리로 하여금 그분의 말씀을 잘 받아들이게 하신다. 이러한 과정을 통해 우리는 모든 경험을 시험해 볼 수 있으며, 그 결과 잘못된 길로 인도되거나 속고 있지는 않은지 확인할 수 있다.

따라서 "성령이나 성경"이라고 말하는 것은 옳지 않으며, 오히려 "성령과 성경", 특히 "성경을 통한 성령"이라고 말해야 옳다. 오늘날까지도 일부 교회에서 계속되고 있는 성령과 성경의 대립은 단호히 거부해야 할 사상이다.

셋째, 오늘날 권위의 문제를 다루는 데 있어 성령의 권위만큼 소홀히 취급되는 것이 없다. 우리의 대부분의 관심은 예수 그리스도의 인격과 권위에 쏠려 있다. 물론 성경과 그 권위에도 많은 관심을 쏟고 있다. 그러나 그에 비해 성령과 그분의 권위에 대해서는 얼마나 듣고 있는가? 감히 내 의견을 말하자면, 기독교 신앙의 어떤 분야도 이와 같이 비극적이라고 할 만큼 소홀히 취급되고 잘못 이해되어 온 것이 없는 것 같다. 왜일까? 이 질문을 던지는 것은 매우 중요하다. 왜냐하면 우리가 이 질문에 답하려고 할 때 자기 자신을 돌아보지 않을 수 없기 때문이다. 사실상 이 질문을 통해 오늘날 복음주의가 가지고 있는 약점의 주요 근원을 다루게 되는 것이다.

그러면 성령과 그분의 권위를 이처럼 소홀히 취급하게 된 이유는 무엇인가? 그중 하나는 체면과 '위엄'에 대한 관심 때문이라고 생각한다. '위엄'이라는 말은 내가 볼 때 19세기 중엽 사용되기 시작한 치명적인 단어다. 그 세대의 선조들은 강력한 영적 각성과 부흥의 분위기 속에서 태어났다. 그들은 성령의 역사에 민감했다. 그런 그들은 스스로의 위엄, 또는 지위에 대해서는 큰 관심을 갖지 않았다.

그러나 19세기 중엽 즈음 이와 다른 사상이 들어왔다. 이내 사람들은 위엄을 갖춘 예배 의식이 필요하다고 말하기 시작했다. 그래서 목회자의 회심이나 성령 충만, 그리고 그에 따른 영적 통찰과 권위보다는 목회자의 지적 훈련이나 지식을 갖추는 일에 더 큰 강조점을 두기 시작했다. 이 일이 행해진 이유는 위엄을 갖춘 예배를 드리기 위해서였다. 그 결과 중 하나는 교회가 점점 형식과 의식에 더 치중하게 된 것이었다. 그와 동시에 일종의 학문과 지식에 대한 자랑이 스며들기 시작했다. 대중 교육이 점점 확대됨에 따라 사람들은 교회가 좀 더 유식한 목회를 해야 한다고 말했다. 사람들이 초등교육과 중등교육을 마치고 대학에 다니게 되면 구식 설교에 더 이상 만족하지 못할 것이라고 주장했다.

이 모든 것은 한마디로 체면 때문이었고, 의심할 여지없이 성령을 소멸하는 결과를 초래했다. 교양 있고 유식한 목회를 바라는 것은 물론 옳다. 그러나 단순히 그 자체가 목적이 되어서는 안 되며, 더욱이 영적 요소를 희생해 가면서까지 그렇게 해서는 결코 안 될 것이다.

이것이 성령과 그 권위를 소홀히 취급해 온 이유 중 하나다. 이와 밀접하게 관계된 또 다른 이유는 광신적인 믿음에 대한 두려움이다. 우리는 지나친 행동이나 감정에 대해 두려워하곤 한다. 성령의 역사와 사역을 매우 강조하는 분파나 교단의 이야기를 들으면 즉시 이런 말을 덧붙이곤 한다.

"너무 지나치지 않은가? 그들이 하는 행동을 보라. 절제할 줄을 모르지 않는가?"

많은 사람들이 지나친 것을 너무 두려워해 스스로 반대편 극단으로 끌려가도록 내버려 두었다. 이로써 성령을 소멸하고 슬프시게 하는 죄를 면치 못하게 되었다.

그러나 '광신'이라는 비난이 복음주의자들에게 가해진 적이 있었다. 이러한 비난은 과거 조지 휘트필드, 존 웨슬리, 그리고 그 추종자들을 대상으로 했다. 그들은 끊임없이 감독들과 그 외의 사람들로부터 광신자라는 비난을 받았다. 그러나 그들은 비난을 염두에 두지도, 두려워하지도 않았다. 오늘날의 그리스도인들은 신자들이 감정적으로 고양되어 때로는 거의 자제력을 잃어버리는 것이 마치 근본적으로 잘못된 것이라고 여기며 그러한 비난을 두려워하고 겁내는 것 같다. 나는 지나친 것이나 광신을 옹호하려는 의도가 결코 아니다. 그러나 오늘날 우리가 처한 위험이 이러한 열정을 너무 두려워한 나머지 성령을 소멸하는 죄를 범하고 있는 것이라고 확신한다.

마지막으로, 이 모든 것은 자랑의 문제로 되돌아온다. 우리는 자신과 자신의 중요성에 너무 관심이 많다. 그래서 유식하고 세련된 현대인에게 어울리지 않는다고 생각되는 어떤 일이나 말이나 행동들이 나타날까 봐 염려한다. 따라서 성령께서 우리를 지배하시는 것에 대해 매우 두려워하게 되는 것이다.

권위를 되찾으려는 교회의 시도

이 문제에 관한 고찰이 현재 교회가 당면한 가장 큰 필요라는 사실에는 의심의 여지가 없다. 그러나 오늘의 교회는 이전에 자주 그랬듯 이 문제를 소홀히 여기고 있으며, 권위의 근원을 다른 곳에서 찾고 있다. 교회는 자신이 다소 무력하고, 세상에 대해 마땅히 끼쳐야 할 영향력을 발휘하지 못하고 있다는 사실을 깨달아 알고 있다. 교회에 부족한 것이 진정한 권위라는 사실을 의식하고는 있다.

그러나 진정한 권위를 찾으려고 온갖 일을 다 하면서도 다만 성령의 권위에 의지하는 것만큼은 피하고 있다. 그리하여 교회는 지난 수 세기 동안 겪은 전철을 거의 그대로 밟고 있다. 17세기 말과 18세기 초의 교회 역사로 되돌아가 보라. 그러면 사람들이 기독교가 그 영향력을 잃어 가고 있음을 눈치챘다는 사실을 알게 될 것이다. 17세기 말의 합리주의자들과 18세기 초의 자연신론자들이 강의하며 집필 활동을 한 것에 비해 교회는 전혀 속수무책인 것처럼 보인다. 그래서 많은 그리스도인들은 함께 모여 서로에게 질문했다.

"어떻게 해야 교회와 진리의 잃어버린 권위를 회복할 수 있겠는가?"

그들은 가장 좋은 방법이 새로운 강좌를 개설하는 것이라고 결정했다. 그리하여 소위 '보일 강좌'(Boyle Lectures)를 개설했다. 이 강좌의 목적은 무엇이었을까? 단순히 기독교 신앙을 변호하는 것, 즉 기독교 신앙을 변호하기 위해 논증과 변증학의 체계를 만들어 내는 것이었다. 같은 기간 동안 위대한 지성인이었던 버틀러 감독은 동일한 경향과 방식을 따르면서 유명한 저서인 『종교의 유추』(The Analogy of Religion)를 저술했다.

이 모든 활동의 의도는 무엇인가? 그들은 성경과 복음의 권위를 회복하고 기독교 신앙을 합리적으로 입증하려고 애를 썼다. 그들은 "우리 기독교가 옛날의 권위를 되찾으려면 무슨 수를 써야 한다"고 말했다. 그래서 그런 방법을 취했던 것이다. 그들은 그 시대에 적합한 변증학을 만들어 냈다.

그러나 지금 우리가 잘 아는 대로 교회의 지위를 다시 세우고, 예전의 권위를 회복시킨 것은 보일 강좌나 버틀러 감독의 저서가 아니었다. 그러면 무엇이 교회의 지위와 권위를 회복시켰는가? 그것은 영국의 조지 휘트필드, 존 웨슬리, 그리고 미국의 조나단 에드워즈, 테넌트 등을 사용하사 성령을 통해 역사하신 하나님이셨다. 그것은 18세기에 일어난 강력한 복음주의 부흥이었다. 훌륭한 보일 강좌나 버틀러 감독의 저서가 완전히 실패한 일을 하나님이 그분의 방식대로 이루신 것이다.

19세기 초에 교회는 또 한 번 전과 같은 무기력을 느꼈다. 복음주의 부흥의 영향이 어느 정도 사그라들기 시작한 것이다. 새로운 다른 요인들이 발생하기는 했지만 교회는 이를 중요하게 생각하지 않았다. 교회는 다시 그 권위를 잃어버린 듯 보였으며, 일반 대중에 대해 아무런 영향력을 갖지 못했다.

그래서 기독교의 권위를 회복하기 위해 어떻게 해야 할 것인가를 또다시 자문했다. 케블, 뉴먼, 퓨지 등 여러 유능하고 학식 있는 사람들이 옥스포드에 모여 설교자에게 더 많은 권위를 부여해야 한다고 결정을 내렸다. 어떤 방법으로 이를 실행할 것인가? 유일한 길은 설교자를 일반 대중으로부터 더 멀리 분리시켜 놓는 것이라고 결정했다. 그들은 설교자가 일반 평신도들과 너무 가까이 있다고 느꼈으며, 그래서 이제는 설교자에게 새로운 권위의 후광을 입혀야겠다고 생각했다.

이것이 바로 영국 국교회 가톨릭의 발생 배후에 깔린 논리다. 그들은 설교자가 복장을 다르게 해야 한다고 주장했다. 그래서 설교자에게 법의를 입히고, 일반 대중에게서 멀어지게 했다. 말하자면, 설교자의 자리를 강단, 소위 제단에 좀 더 가까운 자리로 밀어넣은 것이다. 그들은 제단을 높이 올리고, 그곳에 전에 없던 위엄을 부여했다. 이렇게 하면 일반 대중이 와서 두려움과 떨림으로 설교를 들을 것이며, 좀 더 기꺼이 말씀에 순응하려는 태도로 경청할 것이라고 믿었다. 이것이 배후에 깔린 사상이었다. 이것이 권위를 되찾으려는 시도의 전부였다.

또한 우리가 아는 대로 많은 사람들이 로마 가톨릭교회만이 이러한 유의 권위를 참으로 보증할 수 있다고 믿었기 때문에 실제로 로마 가톨릭교회 쪽으로 가 버렸다. 동시에 이미 살펴본 대로 학식과 지식, 그리고 더 나은 교육과 성경에 대한 문학적, 역사적, 과학적 비평주의가 교회의 잃어버린 권위를 되찾아 줄 수 있다고 믿는 사람들도 있었다.

그러나 우리 모두는 실제로 일어난 사건에 대해서 너무나도 잘 알고 있다. 19세기에 실제로 교회에 새로운 권위를 부여한 것은 이런 것들이 아니었다. 이 일은 결국 1857년 미국에서, 그리고 1858년과 1859년 얼스터, 웨일즈, 세계 곳곳에서 일어난 부흥을 통해 이루어졌다. 이것은 영적 부흥이었으며, 또 한 번의 큰 복음주의 부흥이었다. 실제로 교회의 권위를 회복시킨 것은 성령의 능력으로 역사하시고 간섭하신 하나님이셨다. 결코 인간의 노력이 아니었던 것이다.

오늘날의 상황을 살펴볼 때 거의 모든 교회가 과거의 전철을 밟고 있으며, 오랜 교회의 역사를 통해 자주 채택되곤 했던 임시방편을 다시 들여오고 있는 모습을 발견하게 된다. 오늘날 모든 사람들은 권위 문제에 관심을 가지고 있다. 그들은 이렇게 질문한다.

"왜 우리는 교회 밖 사람들에게 영향을 미치지 못할까?"

"그들과 어떻게 접촉할 수 있을까?"

"어떻게 하면 그들이 우리의 말에 귀를 기울일 수 있을까?"

"어떻게 하면 설교, 공적 발언의 권위를 세울 수 있을까?"

그러나 많은 사람들이 이런 상황을 어떻게 처리하려고 하는지 아는가?

"가장 큰 문제는 말할 것도 없이 교회가 시대에 뒤떨어졌다는 것이다. 교회는 당연히 해야 할 만큼 광고를 하지 않는다. 대기업들은 광고 때문에 성공하고 있는 것이다."

그래서 큰 교단들은 홍보부를 설치하고 사무실을 마련해 신문에 적절한 글귀를 정기적으로 싣고 있다. "일반 대중에게 알려라. 그러면 그들이 귀 기울이기 시작할 것이다"가 그들의 표어다. 그들은 큰 소리와 굉장한 광고의 권위에 매달리고 있는 것이다. 또 어떤 사람들은 이렇게 말한다.

"아니다. 이것은 해결책이 될 수 없다. 필요한 것은 사회적인 관심이다. 일반 대중은 결국 물질적인 것에, 그리고 사회적인 문제에 관심을 가지고 있다. 따라서 높은 곳에서 내려와 이러한 문제에 큰 관심을 가지고 있다는 사실을 보여 주어야 한다. 또한 정치적인 문제나 사회적인 문제에 대해 더 많은 발언을 해야만 한다. 그러면 대중이 우리의 메시지에 주의를 기울이고 귀 기울이기 시작할 것이다."

또 다른 사람들은 교회가 권위를 회복할 수 있는 유일한 길은 라디오와 텔레비전을 더 많이 이용하는 것이라고 주장한다.

"여기에 어마어마한 힘을 가진 수단과 힘의 원천이 있다. 교회는 이것을 사서 돈을 투자해야 한다. 광고와 선전이라는 위대한 매개체를 이용하자."

또 누군가는 책과 문서 출판이 해결책이라고 믿고 있다. 물론 이 모든 해결책은 학문과 지식에 대한 견해와 결합되어 있다. 많은 사람들은 오늘날의 그리스도인들이 과학을 잘 알고 있으며, 무지하거나 광신자가 아니라 매우 합리적이고 지적이며 과학적이라는 사실을 보여 줄 수만 있다면 세상이 기독교의 말에 좀 더 기꺼이 귀 기울일 것이라고 말한다. 이러한 사상이 과학과 종교를 조화시키려고 시도하는 많은 저서들의 배후에 깔린 일반적인 동기이며, 또한 기본 논리다.

그러나 이 모든 것의 배후에는 교회의 하나 됨과 하나의 커다란 세계적인 조직을 만들어야 한다는 요구가 존재한다. 그들은 이것이 다른 모두를 합친 것보다 더 중요하다고 말한다. 우리는 끊임없이 이런 말을 듣는다.

"진짜 문제는 기독교의 힘이 분산되어 있다는 것이다. 믿지 않는 세상은 하나로 똘똘 뭉친 데 비해 교회는 여러 조각으로 분열되어 있다. 이러한 상황에서 어떻게 교회가 권위를 가지고 발언할 수 있겠는가? 우리가 해야 할 일은 단 한 가지뿐이다. 하나의 커다란 세계적인 교회를 조직해야 한다. 우리가 하나 되어 함께 세상과 맞선다면 세상은 반드시 교회의 말에 귀 기울일 것이다. 이것이 바로 권위의 비결이다."

불행하게도 이것은 복음주의 분파에도 해당되는 이야기다. 내가 보기에는 우리도 이런 오류에 빠지고 만 것 같다. 우리는 "만군의 여호와께서 말씀하시되 이는 힘으로 되지 아니하며 능력으로 되지 아니하고 오직 나의 영으로 되느니라"(슥 4:6)라는 말씀을 흔히 인용한다. 그럼에도 불구하고 실제로는 돈의 힘에, 신문과 광고의 힘에 의지하고 있는 것 같다. 우리의 영향력이 기교나 내놓을 수 있는 프로그램에 달려 있으며, 또 그 영향력의 효과를 증명해 주는 것이 숫자와 규모라고 생각하는 것 같다.

전 교회사를 통해 하나님이 교회에 행하신 일들은 거의 모두 소수의 남은 자를 통해 이루어졌다. 우리는 마치 그 사실을 잊어버린 것만 같다. 기드온의 놀라운 이야기, 즉 하나님이 그들을 사용하시기 전에 3만 2,000명을 300명으로 줄일 것을 명령하셨던 사실을 잊어버린 듯하다. 우리는 큰 것에 매료되어 세상 앞에 정말 큰 것, 굉장한 것을 나타내 보여 줄 수만 있다면 세상을 뒤흔들게 될 것이며, 엄청난 영적 각성을 일으킬 것이라고 매우 확신에 차 있다. 이것이 바로 권위에 관한 현대의 개념인 듯하다.

이 모든 것은 교회가 계속 반복해서 빠졌던 케케묵은 오류에 지나지 않는다. 왜냐하면 헤겔의 역사에 관한 금언, 즉 "역사는 '역사가 우리에게 가르쳐 주는 것은 아무것도 없다'는 사실을 우리에게 가르쳐 준다"는 말이 일반 세계사뿐 아니라 교회사에 있어서도 참으로 들어맞기 때문이다. 우리는 꼭 같은 오류를 이런 식으로 계속 되풀이해 선조들이 빠졌던 함정에 다시 빠져들기로 작정한 것처럼 보인다.

이 모든 사실은 우리로 하여금 다음과 같은 교훈으로 되돌아오게 한다. 즉 하나님의 방법은 언제나 성령과 그 권위와 능력을 통한다는 것을 성경이 분명하게 가르치고 있다는 것이다. 그렇다면 이제 우리가 해야 할 일은 무엇보다도 성령의 권위에 대해 고찰하는 것이다.

예수님의 삶 가운데 나타난 성령의 권위

성령의 권위는 어떻게 나타나는가? 우리는 이미 성경의 권위에 대해 살펴보면서 성령의 권위가 나타나는 방식 중 하나를 살펴보았다. 그러나 이제는 예수 그리스도의 지상 생애와 사역 가운데 성령의 권위가 나타난 방식에 대해 생각해 보자. 이것은 두말할 것 없이 우리가 고찰하려는 주제 가운데 가장 중요한 내용이다.

우리는 주님이 30세에 공생애를 시작하실 때 어떻게 세례를 받으셨는지 알고 있다. 주님은 세례 요한에게 가셔서 세례를 베풀어 달라고 청하셨다. 세례 요한은 주님을 말리면서 자신이 주님께 세례를 받아야 마땅하다고 했다. 그러나 주님은 "이제 허락하라. 우리가 이와 같이 하여 모든 의를 이루는 것이 합당하니라"라고 말씀하셨다. 주님의 생애의 이 시점에서, 즉 요한에게 세례를 받으시던 바로 그때에 성령께서 비둘기같이 주님 위에 강림하셨으며 하늘에서 소리가 나서 "이는 내 사랑하는 아들이요 내 기뻐하는 자라"(마 3:17)라고 선언하셨다.

그런데 이것은 매우 독특한 사건이다. 주님은 메시아로서 자신의 사역을 수행하시기 위해 성령 충만을 받고 계셨다. 요한복음 3장 34절이 이 사실을 어떻게 표현하고 있는지 살펴보자.

"하나님이 성령을 한량없이 주심이니라"(요 3:34).

하나님은 예수님의 사역을 위해 성령을 충만하게 주셨다. 이것은 하나의 신비다. 그러나 하나님의 아들이시라 할지라도 (지상에서 중보 사역을 이루기 위해) 성부께서 이와 같이 성령을 주시지 않으면 자신에게 맡겨진 일을 하실 수 없었던 것이 틀림없다. 예수 그리스도께서는 여전히 복되신 삼위일체의 제2위이셨다. 그러나 그분은 영광의 지위를 내놓으셨다. 주님은 스스로 낮추시고 이 땅에 오셔서 한 인간으로 사셨다. 이것이 그분이 기도하셔야 했고, 성령을 충만히 받으셔야 했던 이유다. 주님께는 성령이 적당히 주어진 것이 아니었다.

주님 스스로가 이 점을 강조하셨다. 유대인 지도자들이 예수님과 그 권위와 능력에 대해 논쟁하고 있을 때였다. 그들은 예수님이 5,000명을 먹이신 기적을 보고 매우 감명을 받았다. 그러나 그들은 그 의미를 오해했다. 그런 그들에게 주님은 이렇게 말씀하셨다.

"썩을 양식을 위하여 일하지 말고 영생하도록 있는 양식을 위하여 하라 이 양식은 인자가 너희에게 주리니 인자는 아버지 하나님께서 인치신 자니라"(요 6:27).

여기서 인치심에 관한 말씀은 예수님이 세례 받으실 때 일어난 일을 가리킨다. 인치심은 언제나 성령과 관계되어 있다.

"여기에 나의 권위가 있다. 내 위에 성령께서 강림하시고 하늘의 음성이 들려오던 그때에 내 아버지께서 나를 확증하셨고, 나는 아버지께 인침을 받은 것이다. 왜 너희는 아직 나를 의심하느냐? 나를 확증해 주는 것은 내가 행한 이적들이 아니라 그때 있었던 성령의 인치심이다."

주님은 이런 뜻으로 말씀하신 것이다. 인치심은 주님이 메시아이시라는 사실에 대한 공적인 선언이었다. 그것은 주님의 세례에 수반된 중요한 요소였다.

세례를 받으신 후 주님은 성령에 이끌려 사십 주 사십 야 동안 마귀에게 시험을 받기 위해 광야로 나가셨다. 시험 기간이 끝나자 주님은 나사렛의 고향으로 돌아가셨다. 그곳에서 관례대로 안식일 날 회당에 들어가서 선지자 이사야의 글 중에서 한 부분을 읽기 시작하셨다.

"책을 펴서 이렇게 기록된 데를 찾으시니 곧 주의 성령이 내게 임하셨으니 이는 가난한 자에게 복음을 전하게 하시려고 내게 기름을 부으시고 나를 보내사 포로 된 자에게 자유를, 눈먼 자에게 다시 보게 함을 전파하며 눌린 자를 자유롭게 하고 주의 은혜의 해를 전파하게 하려 하심이라 하였더라 책을 덮어 그 맡은 자에게 주시고 앉으시니 회당에 있는 자들이 다 주목하여 보더라 이에 예수께서 그들에게 말씀하시되 이 글이 오늘 너희 귀에 응하였느니라 하시니"(눅 4:17-21).

주님이 뭐라고 말씀하고 계시는가? "주의 성령이 내게 임하셨고, 그분이 나에게 기름을 부으셨다"고 하시지 않았는가? 여기에서 다시 한 번 주님이 요단 강에서 세례를 받으신 그때 기름 부음을 받으셨던 것을 기억하자. 주님은 자신이 맡은 사역을 수행하기 위해 성령의 특별한 기름 부음과 권위를 받으신 것이다. 하나님이신 동시에 사람으로서, 인자로서 주님은 복음을 전파하고 구속 사역을 수행하시기 위해 성령을 충만하게 받으셨다.

이제 우리가 내릴 수 있는 결론은 하나님의 아들이시라 할지라도 성령만이 주실 수 있는 권위와 기름 부음을 받지 않으면 그분이 맡은 사역을 수행하실 수 없다는 사실이다(행 10:38).

신자의 삶 가운데 나타난 성령의 권위

회심으로 인도하시는 성령의 사역

이는 많은 지면을 할애해서 관심을 쏟을 만한 커다란 주제다. 그러나 나는 단지 몇 가지만 지적하려고 한다. 먼저, 우리는 처음 복음을 믿을 때 나타나는 성령의 권위를 볼 수 있다. 성경은 이 사실을 종종 분명하게 묘사하고 있다.

복음을 믿는 것이 단순히 이해하거나 깨닫는 차원의 문제라고 생각했던 니고데모와의 대화에서 주님은 이 사실을 강조하셨다. 니고데모는 이스라엘의 선생이었다. 그런 그는 자신이 가진 것 이상의 무언가를 가지고 계신 분과 대면하게 되었다. 니고데모는 '그 무언가는 내가 이미 도달한 단계보다 앞선 단계일 뿐이야'라고 생각했다. 그래서 그는 실제로 주님께 가서 이렇게 말했다.

"제가 이미 하고 있는 것 외에 무엇을 더 해야겠습니까? 제가 이미 가지고 있는 것 외에 무엇을 더 가져야 당신과 같이 될 수 있습니까? 당신은 하나님으로부터 보내심을 받은 선생님이 분명합니다. 왜냐하면 하나님이 함께하시지 않고는 어떤 사람도 당신이 행하시는 이적들을 행할 수 없기 때문입니다."

니고데모가 "제게 무엇이 더 있어야 되겠습니까?" 하고 말하려는 순간, 주님이 그를 향해 말씀하셨다.

"진실로 진실로 네게 이르노니 사람이 거듭나지 아니하면 하나님의 나라를 볼 수 없느니라"(요 3:3).

주님이 니고데모에게 하신 말씀의 뜻은 이렇다.
"네 생각은 전혀 틀린 생각이구나. 네게 필요한 것은 물과 성령으로 거듭나는 일이다. 육에 속한 일이 있는 반면 성령에 속한 일도 있다. 육으로 난 것은 육이며 성령으로 난 것은 영이니 이를 기이히 여기지 말라(머리로 이해하려고 하지 말라)."
"바람이 임의로 부니 네가 그 소리를 들어도 어디서 오며 어디로 가는지 알지 못하나니 성령으로 난 사람은 다 이러하니라."
"네게는 성령의 조명과 능력이 필요하구나. 이 일은 너 혼자의 힘으로는 할 수 없다."
주님은 이 원리를 단번에, 그리고 영원히, 강력하게 선언하셨다.

사실상 이와 동일한 말씀을 사도행전에서도 찾아볼 수 있다. 성경의 기록에 따르면, 유럽 대륙에서 최초로 기독교로 개종한 사람은 루디아라는 여인이었다. 루디아는 두아디라 성의 자색 옷감 장사꾼이었다. 그녀는 어떻게 해서 회심하게 되었는가? 바울의 인품에 넋을 잃었는가? 바울이 자신의 훌륭한 인품으로 그렇게 만들었는가? 당신은 바울이 유럽에서 어떻게 전도를 시작했는지 알고 있을 것이다. 바울은 단지 안식일 오후 성문 밖 여인들의 작은 기도 모임에 갔을 뿐이다. 그것은 정말 예상 밖의 시작이었다. 그 작은 기도 모임에서 바울은 단지 앉아서 그들에게 주님의 말씀을 전했을 뿐이다.

어떤 사람은 "그래도 역시 그 일이 성공할 수 있었던 것은 틀림없이 바울의 인품 때문이었을 거야. 그리고 그의 학식이나 유창한 말솜씨 때문이었을 거야" 하고 말할는지도 모르겠다. 그러나 성경 말씀은 그렇게 기록되어 있지 않다. 사도행전 16장 14절을 보라.

"주께서 그 마음을 열어 바울의 말을 따르게 하신지라"(행 16:14).

바울이 아무리 능력 있는 사람이라 할지라도 한 영혼을 구원할 수는 없었다. 성령만이 우리의 마음을 여시고, 진리를 받아들이게 하실 수 있다. 이 사실을 구체적으로 언급한 고린도전서 12장 3절 말씀이 이 문제를 결정지어 줄 것이다.

"그러므로 내가 너희에게 알리노니 하나님의 영으로 말하는 자는 누구든지 예수를 저주할 자라 하지 아니하고 또 성령으로 아니하고는 누구든지 예수를 주시라 할 수 없느니라"(고전 12:3).

이것으로 부족하다면 에베소서 2장을 보라. 그곳을 보면 허물과 죄로 죽었던 자들, 진노의 자녀들, 공중의 권세 잡은 자, 곧 지금 불순종의 아들들 가운데서 역사하는 영을 따라 행하며 육체와 마음의 정욕과 욕심의 종 된 자들에게는 단 하나의 소망만이 있을 뿐이라는 사실을 발견하게 될 것이다. 그들에게는 단 하나의 소망만이 존재한다.

"그는……너희를 살리셨도다"(엡 2:1).
"우리는 그가 만드신 바라"(엡 2:10).

성령의 역사와 권위와 능력이 아니었다면 단 한 사람도 우리 구주 예수 그리스도를 믿을 수 없었을 것이다.

확신을 주시는 성령의 사역

성령의 사역은 여기에서 끝나지 않는다. 우리에게 구원에 대해 흔들리지 않는 궁극적인 확신을 주실 수 있는 분은 오직 성령뿐이시다. 구원의 확신은 매우 중요한 문제이며, 또한 내가 생각하기에 매우 흔히 오해되는 것이기도 하다. 구원의 확신은 주로 세 가지 방법에 의해서 온다. 그러나 요즈음에는 불행하게도 첫 번째 방법만이 강조되고 있다.

첫 번째 방법에 의한 확신은 성경 말씀을 하나님의 권위 있는 말씀으로 믿고 우리 자신에게 적용함으로써 얻게 되는 확신이다. 이러한 확신은 우리에게 "예수 그리스도를 믿는 자는 정죄함을 받지 않는다"고 말해 준다. 여기에는 하나님의 말씀이 있으며, 우리는 그 말씀을 믿고 의지한다. 그러나 이것은 다만 확신을 얻을 수 있는 첫 번째 방법에 지나지 않는다. 실제로 이 방법 하나만으로는 종종 위험할 수 있다. 이 확신은 일종의 신앙주의(believism)가 될 수 있다. 즉 자신의 심적 평화나 어떤 목적을 위해 그렇게 말할 수도 있다는 것이다.

우리는 이 확신을 인정하지만, 이것만으로는 부족하다. 그 이상의 어떤 것, 즉 확신의 두 번째 근거가 필요하다. 요한일서는 몇 가지 판단 기준을 제공해 준다.

"우리는 형제를 사랑함으로 사망에서 옮겨 생명으로 들어간 줄을 알거니와"(요일 3:14).

주의 계명이 우리에게 더 이상 무거운 짐이 되지 않고 기쁨이 되기 때문에 우리가 사망에서 옮겨 생명으로 들어간 줄 알게 되는 것이다. 이외에 다른 방법들도 있다.

- 예수 그리스도를 믿는 믿음
- 성령께서 우리 속에서 역사하고 계신다는 사실을 앎
- 우리 안에서 성령의 열매 중 하나라도 나타나고 있는지 살펴봄

만일 이것들이 발견된다면 우리는 중생을 확신할 수 있다.

생명은 언제나 그 자체를 밖으로 나타내 보이는 법이다. 나무의 생명은 사과나 배, 복숭아 등의 열매를 맺는다. 생명은 그 자체로 드러나게 되어 있다. 따라서 만일 어떤 생명의 표식이나 증거를 발견하게 되면 그것이 바로 생명이 있음을 보증해 주는 것이다. 이것은 순전히 객관적인 확신인 첫 번째 확신보다 훨씬 안전하다. 또한 주관적인 확신이기도 하다.

그러나 이보다 더 나은 형태의 확신이 있다. 이는 모든 확신 중 최고로, 그리고 가장 확실한 것이다. 사도 바울은 이 확신을 로마서 8장 15-17절에서 다음과 같이 표현하고 있다.

"너희는 다시 무서워하는 종의 영을 받지 아니하고 양자의 영을 받았으므로 우리가 아빠 아버지라고 부르짖느니라 성령이 친히 우리의 영과 더불어 우리가 하나님의 자녀인 것을 증언하시나니 자녀이면 또한 상속자 곧 하나님의 상속자요 그리스도와 함께한 상속자니 우리가 그와 함께 영광을 받기 위하여 고난도 함께 받아야 할 것이니라"(롬 8:15-17).

이 확신은 성경이나 스스로에게서 발견되는 증거들에 의해

추론해 낼 수 있는 형태가 아니다. 이는 성령의 직접적인 증거다. 즉 성령께서 친히 나의 영과 더불어 증거하시는 것이다. 이 세 번째 확신 없이 앞서 두 가지 확신의 근거를 갖는 것은 가능하다. 그러나 여기에 성령만이 주실 수 있는 무언가가 있다. 내가 하나님의 자녀라는 사실에 대해 그 무엇보다 확신을 줄 수 있는, 궁극적인 권위를 가지고 말씀하실 수 있는 분은 오직 성령뿐이시다. 이 사실은 수십 세기를 통해 성도들이 한결같이 확언해 왔다. 그들은 성령께서 자신들에게 예수 그리스도와 그분의 사랑의 실재와 임재를 확신시켜 주시기 때문에 다른 어떤 사실보다 그 사실을 더 확신하게 된다고 말했다.

같은 진리가 다른 곳에서 다른 형태로 표현되어 있다. 고린도후서 1장 22절을 보라.

"그가 또한 우리에게 인치시고 보증으로 우리 마음에 성령을 주셨느니라"(고후 1:22).

또한 에베소서 1장 13-14절에는 다음과 같이 표현되어 있다.

"그 안에서 너희도 진리의 말씀 곧 너희의 구원의 복음을 듣고 그 안에서 또한 믿어 약속의 성령으로 인치심을 받았으니 이는 우리 기업의 보증이 되사 그 얻으신 것을 속량하시고 그의 영광을 찬송하게 하려 하심이라"(엡 1:13-14).

여기서 주님이 세례 받으실 때 사용된 것과 동일한 단어, 즉 인치심이라는 말이 사용되었음을 볼 수 있다. 따라서 이 말에는 구원에 대한 궁극적인 확신이 포함되어 있으며, 오직 성령의 권위만이 이러한 확신을 줄 수 있다.

깨달음을 주시는 성령의 사역

성경에 대한 진정한 영적 깨달음을 주시고, 교리를 이해하게 하시는 분 역시 오직 성령뿐이시다. 사도 요한은 이 사실을 명백히 표현하고 있다. 그는 요한일서 2장 20절에서 교회 안에 있었으나 교회에 속하지 못했기 때문에 교회 밖으로 나가 버린 '적그리스도'들에 대해 다루었다.

적그리스도들은 스스로 회심했다고 생각했으며, 또한 그렇다고 받아들여졌다. 그러나 그들은 결국 떠나고 말았다. 실상 그들은 한 번도 진정한 신자였던 적이 없었던 것이다. 그들은 일시적인 거짓 신자들이었다. 따라서 그들을 어떻게 구별할 것인가 하는 문제가 생겼다. 이 무지한 초대 그리스도인들, 대부분 종들이었던 이들이 어떻게 이 문제를 분별할 수 있었겠는가? 사도 요한은 이렇게 말했다.

"[그러나] 너희는 거룩하신 자에게서 기름 부음을 받고 모든 것을 아느니라"(요일 2:20).

그리고 27절에서 같은 말씀을 되풀이했다.

"너희는 주께 받은 바 기름 부음이 너희 안에 거하나니 아무도 너희를 가르칠 필요가 없고"(요일 2:27).

성령께서 주시는 기름 부음이 깨달음을 주었다. 그래서 교회의 오랜 역사 동안 문맹에 가까울 정도로 무지한 사람들이 교회의 훌륭한 신학자들보다 진리와 비진리를 더 잘 분별해 낸 일이 흔했던 것이다. 그들은 기름 부음만을 의지할 정도로 단순했다. 그래서 서로 다른 것들을 분별할 수 있었다.

17세기 스코틀랜드에서 살았던 하나님의 능력 있는 종, 경건한 사무엘 러더포드는 어느 날 다음과 같이 말했다.

"만일 심오한 신학자가 되기 원하는 사람이 있다면 나는 그에게 거룩한 삶을 권한다."

궁극적으로 성경과 모든 신학을 깨닫는 길은 거룩해지는 것이며, 성령의 권위 아래 있는 것이고, 성령의 인도를 받는 것이다.

진리를 수호하시는 성령의 사역

성령께서 그분의 권위를 믿는 한 사람 한 사람에게 나타내 보이시는 네 번째 방법은 진리를 수호하시는 것이다. 이것은 오늘날 우리가 매우 관심 있어 하는 것이며, 또한 마땅히 그래야 하는 것이다. 유다서 1장 3절은 "성도에게 단번에 주신 믿음의 도를 위하여 힘써 싸우라"라고 말한다. 그러나 이 일을 어떻게 해야 하는가?

우리는 종종 변증학을 통해 이 일을 하려고 한다. 다시 말하지만 나는 변증학이 나쁘다고 단정하거나 거부하는 것이 결코 아니다. 오히려 변증학이 마땅히 존재해야 한다고 믿는다. 그러나 우리가 변증학에 지나치게 중요성을 부여하고 있으며, 너무나 많은 책들이 기독교 신앙을 이와 같은 방식으로 변호하고 있다고 확신한다. 우리는 따지려고 하고, 자신의 지식을 나타내 보이려고 하며, 그것과 조화시키려고 한다. 그러나 이것이 크게 유익이 될 것 같지는 않다. 또한 상대편에게 큰 영향을 미치지도 못하는 것 같다.

그러면 진리를 어떻게 수호해야 할 것인가? 사도행전 6장에서 스데반이 바로 이와 같은 입장에 처해 있음을 발견할 수 있다. 9절과 10절을 보라.

"이른 바 자유민들 즉 구레네인, 알렉산드리아인, 길리기아와 아시아에서 온 사람들의 회당에서 어떤 자들이 일어나 스데반과 더불어 논쟁할새 스데반이 지혜와 성령으로 말함을 그들이 능히 당하지 못하여"(행 6:9-10).

스데반의 비결은 성령 충만해서 지혜와 믿음과 능력이 충만한 것이었다. 바로 이 때문에 논쟁자들이 지혜와 성령으로 말하는 스데반을 당해 내지 못했던 것이다. 이것이 바로 신앙을 수호하고 진리를 옹호하는 길이다.

같은 방법에 대한 몇 가지 다른 실례를 살펴보자. 사도 바울은 고린도에 많은 적을 가지고 있었다. 그들은 사도 바울에 대해 심한 비방을 하고 다녔다. 바울을 비웃음거리로 만들려고 했던 것이다. (아마 사도 바울은 요즘의 인기 있는 전도자와 같지 않았던 것 같다. 그는 남들이 쳐다볼 만한 풍채를 가지지 못했다. 전하는 말에 의하면, 바울은 키가 작고 매부리코에 대머리였으며, 또한 심한 안질을 앓고 있어서 보기에 역할 정도였다고 한다.)

"그가 몸으로 대할 때는 약하고 그 말도 시원하지 않다 하니"
(고후 10:10).

바울은 비방하는 그들에게 다음과 같이 썼다.

"주께서 허락하시면 내가 너희에게 속히 나아가서 교만한 자들의 말이 아니라 오직 그 능력을 알아보겠으니 하나님의 나라는 말에 있지 아니하고 오직 능력에 있음이라"(고전 4:19-20).

바울은 중요한 것은 깨달음이나 단순히 말하는 것이 아니라 성령의 권위와 능력이라고 말했다. 사도 바울은 고린도후서 10장 3-5절에서도 거의 같은 말을 했다.

"우리가 육신으로 행하나 육신에 따라 싸우지 아니하노니 우리의 싸우는 무기는 육신에 속한 것이 아니요 오직 어떤 견고한 진도 무너뜨리는 하나님의 능력이라 모든 이론을 무너뜨리며 하나님 아는 것을 대적하여 높아진 것을 다 무너뜨리고 모든 생각을 사로잡아 그리스도에게 복종하게 하니"(고후 10:3-5).

이것이 바울의 방법이었다. 그는 육신으로 행했으나 육신에 따라 싸우지 않았다. 그는 또 다른 권위, 또 다른 능력을 소유했던 것이다. 그것은 바울 안에 계시는 성령의 능력이었으며 권위였다. 그는 온 세상과 대면할 각오가 되어 있었으며, 또한 모든 권위와 견고한 진, 그리고 왕국들을 무너뜨릴 수 있었다.

여기에서 우리가 유일한 권위를 가지고 있다는 사실을 깨닫는 것은 매우 중요하다. 우리는 우리 자신의 보잘것없는 권위들을 내세울 수 있다. 그러면 세상은 자기가 가지고 있는 권위들을 내세울 것이다. 이것은 단순히 하나의 권위가 또 다른 권위에 맞서는 것에 지나지 않는다. 우리는 여러 권위 있는 사람들의 말을 인용하고, 이런저런 세세한 것들을 찾아내는 데 시간을 보내고 있다. 때때로 신문에서 모 인사가 그리스도인이 되었다는 기사를 본다. 그리고 이것이 대중에게 큰 영향을 미칠 것이라고 생각한다. 그러나 근본적인 상황은 조금도 변하지 않는다. 우리에게 효력을 발휘하는 유일한 권위는 성령의 권위뿐이다.

전도하시는 성령의 사역

이제 무엇보다 가장 실제적인 문제인 전도와 증거하는 일에 관한 성령의 권위에 도달했다. 여기서 우리는 믿지 않는 이 세상에 진리를 들고 나가는 일에 대해 살펴보겠다.

어떤 사람이 모임 중에 두 연사의 연설을 들은 이야기를 쓴 기사의 한 구절이 기억난다. 그 모임은 정치적인 목적으로 모였고, 종교적인 모임은 아니었다. 그러나 그가 두 연사에 대해 한 말은 나에게 마치 성령으로부터 온 확신처럼 들렸다. 그는 두 사람의 연설을 들었을 때 그 차이점을 이렇게 느꼈다고 했다. 즉 첫 번째 연사는 단순히 어떤 사실을 주장하는 사람으로서 유창하게 연설했으나, 두 번째 연사는 증인으로서 말하고 있었다는 것이다. 그 후 나는 스스로에게 물었다.

"나는 과연 어느 쪽인가? 단순히 어떤 사실을 주장하는 사람인가, 아니면 증인인가?"

그리스도인이 아니어도 기독교를 주장할 수 있다. 당신이 기독교를 체험해 보지 않고서 단순히 주장하는 사람일 수도 있다. 당신이 지성을 소유하고 있고, 제대로 교육을 받았다면 어떤 의미에서 성경을 깨달을 수도 있고, 다른 사람 앞에서 그 내용을 설명할 수도 있다. 논증을 제시할 수도 있고, 이를 일종의 기독교 철학의 근거로 만들 수도 있다. 또한 이 모든 것이 훌륭하게 들릴 수도 있다. 그러나 그러는 동안에도 당신은 그것을 진정으로 체험하지 못할 수 있다. 당신이 진정 알지 못하는 어떤 것, 한 번도 만나 보지 못한 어떤 분에 대해 말하고 있는 것인지도 모른다.

만일 그렇다면 당신은 단순히 어떤 사실을 주장하는 사람일 뿐이다. 어쩌면 아주 훌륭한 연사일 수도 있다. 그러나 주님이 사도들에게 하신 말씀을 주의해 보라.

"너희는 내 증인이 되라."

이제 함께 이 문제를 계속해서 고찰해 보자. 성령께서 권위를 가지고 하시는 일은 바로 우리를 증인으로 만드는 일이다. 주님도 복음을 전파하시고, 능력 있게 역사하시며, 그분의 사역을 실행하시기 전에 성령의 권위를 필요로 하셨다고 앞서 언급한 바 있다. 이는 제자들에게도 마찬가지였다. 주님은 부활 후 승천하시기 직전에 3년간 함께 지냈던 제자들에게 오셔서 말씀하셨다.

> "오직 성령이 너희에게 임하시면 너희가 권능을 받고 예루살렘과 온 유대와 사마리아와 땅 끝까지 이르러 내 증인이 되리라"(행 1:8).

우리는 이 말씀의 의미를 온전히 깨달아 알고 있는가? 여기에 3년 동안 주님과 함께 지냈던 사람들이 있다. 그들은 주님을 가까이에서 잘 알고 있었으며, 그분의 설교를 듣고, 그분이 행하시는 이적들을 직접 보았다. 그들은 주님이 십자가에서 돌아가실 때 그곳에 서서 지켜보던 사람들이었다. 그들은 주님이 무덤에 묻히시는 것을 보았다. 주님이 죽은 자 가운데서 부활하신 사실을 알고 있었다. 주님은 그들에게 친히 말씀하셨으며, 그들과 함께 구운 생선과 꿀을 드셨다. 주님은 부활 후 40일 동안 그들과 만나셨으며, 자신에 대해 가르치시고 교훈하셨다(눅 24장).

만일 주님의 부활과 그분에 관한 모든 사실에 대해 증거할 수 있는 사람들이 있다면, 그들을 가리켜 '제자들'이라고 할 수 있다. 그럼에도 불구하고 주님은 그들이 성령으로 세례를 받기 전까지는 그 일을 전혀 할 수 없을 것이라고 말씀하셨다. 그들은 그 능력을 받기 전까지는 주님에 대해서, 그분의 사역에 대해서, 즉 그분이 누구이시며 무슨 일을 하셨는가에 대해서 증거할 수 없었다. 사실에 대한 지식만으로는 부족했다. 효과적으로 증거하기 위해서는 성령의 능력이 있어야만 했다.

제자들은 이 능력을 오순절에 받았다. 그 결과 베드로는 즉시 담대하게 권위와 능력을 가지고 설교하기 시작했으며, 3,000명이 회개하는 역사가 일어났다. 사도행전 4장을 보면, 예수님의 부활을 담대하게 증거하는 베드로와 요한을 관원들이 감당할 수 없었던 사실을 읽을 수 있다. 이것이 바로 성령의 나타나심이다. 두려움과 겁이 많았던 베드로가(그는 생명을 잃을까 두려워 가장 가까운 친구이자 은인이셨던 주님을 부인할 만큼 겁쟁이였다) 이제는 담대하게 일어서서 기꺼이 온 세상과 지옥의 모든 마귀와 맞설 각오를 했다. 그래서 바로 얼마 전에 "나는 그를 모른다. 나는 그에게 속한 사람이 아니다"라고 부인했던 그 예수를 선포하게 된 것이다.

이것은 도대체 무엇인가? 바로 성령의 권위다. 성령께서 자신의 권위를 특별한 방식으로 나타내신 것이다.

우리는 이후에 계속해서 다음과 같은 내용을 읽을 수 있다. 베드로와 요한은 체포되었다가 다시 풀려난 후 함께 기도 모임을 가졌다(행 4:23-33).

"빌기를 다하매 모인 곳이 진동하더니 무리가 다 성령이 충만하여 담대히 하나님의 말씀을 전하니라"(행 4:31).

이것이 바로 성령의 권위다. 성령께서 어떤 모임에 임하실 때 그분은 단지 사람들만을 사로잡으신 것이 아니라 벽과 건물을 뒤흔드셨다. 사도행전 4장 33절을 보면 "사도들이 큰 권능으로 주 예수의 부활을 증언하니 무리가 큰 은혜를 받아"라는 말씀을 발견할 수 있다. 이 권능의 비결은 무엇인가? 그들이 부활이 가능하다고 과학적으로 논증할 수 있었기 때문인가? 이적적인 것과 과학적인 것을 잘 조화시켰기 때문인가? 아니다. 그 비결은 그들을 아무도 감당할 수 없는 산 증인으로 바꿔 놓으신 성령의 권위와 능력이었다. 이로써 무리가 큰 은혜를 받은 것이다.

사도행전을 계속 읽어 가면 사도 바울의 능력 있는 사역에서 이와 동일한 일이 일어나고 있음을 발견할 수 있다. 한번은 바울이 복음을 전하고 있을 때 마술사 엘루마가 바울을 대적했다. 어떤 일이 일어났는가?

"바울이라고 하는 사울이 성령이 충만하여 그를 주목하고 이르되 모든 거짓과 악행이 가득한 자요 마귀의 자식이요 모든 의의 원수여 주의 바른 길을 굽게 하기를 그치지 아니하겠느냐 보라 이제 주의 손이 네 위에 있으니 네가 맹인이 되어 얼마 동안 해를 보지 못하리라 하니 즉시 안개와 어둠이 그를 덮어 인도할 사람을 두루 구하는지라"(행 13:9-11).

성령께서 하나님의 종에게 주신 권위는 이러했다. 성경에는 이것을 아주 명백하게 정의해 주는 구체적인 말씀이 몇 가지 있다. 그 예로 고린도전서 2장을 들어 보자. 오늘날의 복음주의자들에게 이 장은 여러 가지 면에서 성경 가운데 가장 중요한 장이라고 할 수 있다. 위대한 사도 바울은 의심할 여지없이 세상에서 가장 위대한 마음의 소유자였다. 그럼에도 그는 고린도에 갔을 때 "약하고 두려워하고 심히 떨었노라"(고전 2:3)고 말했다. 바울은 자신 있게, 확신 있게, 권위 있게 강단에 오르지 못했다. 청중과의 거리감을 없애기 위해 몇 마디 농담을 건네지도 않았다. 그는 아주 태연하게 청중을 마음껏 요리하지도 못했다. 그는 약하고, 두려워하고, 심히 떨었다.

왜일까? 자기 자신의 한계를 알았기 때문이다. 바울은 자신이 무엇을 할 수 없는지 잘 알고 있었다. 그래서 청중의 영혼과 자신에게 맡겨진 놀라운 메시지 사이에 어떤 식으로든 자신이나 자신의 성품이 끼어들까 두려워하며 심히 떨었다. 바울은 청중의 마음을 사로잡을 만한 것을 알고 있었으나 그런 것들로 자신을 꾸미지 않았다. 그는 정반대로 했다.

"내가 너희 중에서 예수 그리스도와 그가 십자가에 못 박히신 것 외에는 아무것도 알지 아니하기로 작정하였음이라"(고전 2:2).

계속해서 바울은 "내 말과 내 전도함이 설득력 있는 지혜의 말로 하지 아니하고 다만 성령의 나타나심과 능력으로 하여"(고전 2:4)라고 말했다. 전하는 메시지와 방식에 관한 한 바울은 청중의 기호에 절대로 아부하지 않았다. 그 결과 그가 말할 때 비록 어떤 사람은 그의 말이 시원하지 않다고 했지만 거기에는 능력이 있었으며, 많은 사람들이 확신을 얻고 회개함으로 그리스도인이 되어 교회 안에 굳건히 자리를 잡게 되었다.

그 비결이 무엇이었는가? 바로 성령과 능력의 나타남이었다. 그것이 바로 성령의 권위였던 것이다. 데살로니가전서 1장 5절에서 사도 바울은 이 사실을 다음과 같이 표현했다.

"이는 우리 복음이 너희에게 말로만 이른 것이 아니라 또한 능력과 성령과 큰 확신으로 된 것임이라"(살전 1:5).

나는 이와 같은 확신이 사도 바울에게만 아니라 복음을 받아들인 사람들에게도 있었다고 믿는다. 그가 전한 말씀은 단순한 사람의 말이 아니었다. 그들은 단순한 사람의 설명을 듣고 있었던 것이 아니다. 바울은 어떤 새롭고 신기한 철학을 제시하지 않았다. 그것은 능력과 성령과 큰 확신으로 된 하나님의 말씀이었다.

사도 베드로도 이와 동일한 말을 하고 있다. 그는 베드로전서 1장 12절에서 "하늘로부터 보내신 성령을 힘입어 복음을 전하는 자들로 이제 너희에게 알린 것이요 천사들도 살펴보기를 원하는 것"에 관해 말한다. 복음이 확신과 권위와 능력으로 전파된 것은 하늘로부터 보내신 성령을 힘입어 된 것이었다. 이것이야말로 현 시점에서 가장 필요한 것이 아니겠는가? 되돌아가서 교회 역사상 있었던 대부흥의 역사를 읽어 보라. 거기에는 언제나 성령의 능력과 권위가 있었다는 사실을 발견하게 될 것이다.

18세기에 거대한 영적 각성이 영국, 미국, 스코틀랜드, 웨일즈에서 일어났다. 웨일즈의 지도자 중 한 사람은 하웰 해리스다. 그의 일기를 읽어 보면 계속해서 다음과 같은 말이 등장한다.

"어느 곳에 도착해서 설교를 했는데 예전의 그 권위를 느낄 수 있었다."

또 어떤 때는 다른 곳에서 설교를 했는데 거기에서는 아무런 권위를 느끼지 못했다고 했다. 이것은 하웰 해리스의 마음을 아프게 했고, 그는 하나님 앞에 꿇어 엎드렸다. 그리고 자신의 마음을 살피며 죄를 고백한 후 그 권위를 다시 주시기를 간구했다. 그는 그 권위를 의식할 수 없는 한 결코 행복할 수 없었다. 그가 전하는 메시지는 언제나 같았다. 권위 없이 메시지만으로는 부족했다. 권위를 떠나서 하는 설교는 어떤 의미에서 헛수고라는 사실을 그는 알고 있었다.

휘트필드나 웨슬리의 일기를 읽어 봐도 동일한 사실을 발견하게 된다. 나는 휘트필드의 일기 중에서 그가 첼튼햄에서 설교하는 동안 일어났던 일에 대해 회상하면서 한 말을 기억한다.

"주님이 우리 가운데 임하셨다."

참으로 놀라운 권위다! 또 다른 때에 그는 "우리 가운데 왕의 외침이 들렸다"고 말했다.

존 웨슬리도 항상 동일한 생각을 말했다. 웨슬리가 런던 올더스 게이트 집회에서 겪었던 체험 가운데 가장 중요한 요소는 그의 마음이 이상하게 뜨거워지는 것을 느낀 것이었다. 그는 그 순간부터 권위를 갖게 되었으며, 그 결과 그의 사역이 완전히 변화되었다.

조나단 에드워즈도 동일한 체험을 했다. 드와이트 무디도 마찬가지였다. 무디가 권위를 받은 것은 뉴욕 월 스트리트를 걷고 있는 동안 성령의 임재를 체험한 후였다. 그는 이전에 했던 설교를 똑같이 했지만 청중은 변화를 받았다. 왜일까? 그가 성령의 권위를 가졌기 때문이다. 이것은 틀림없는 사실이다.

나는 휘트필드의 일기 중에서 그가 매사추세츠에 있는 노샘프턴을 방문해 경건한 조나단 에드워즈를 최초로 만났던 일에 대해 읽은 기억이 난다. 휘트필드는 강단에 서서 설교할 기회를 가졌을 때 조나단 에드워즈가 눈물을 흘리면서 얼굴에 천사와 같은 미소를 띠고 설교를 듣고 있는 모습을 결코 잊지 못할 것이라고 술회했다.

무엇 때문이었는가? 비록 견줄 데 없는 웅변가였다고는 하나 단순히 휘트필드의 설교 때문만은 아니었다. 조나단 에드워즈는 성령의 권위를 체험하고 있었던 것이다. 에드워즈는 그 권위를 알고 있었던 것이다. 그는 성령의 권위를 동역자인 휘트필드에게서 발견했으며, 이를 기뻐했던 것이다. 설교자가 자신의 설교만큼 다른 사람의 설교를 즐겨 들을 수 있는 것은 매우 값진 일이다. 또한 이런 일은 성령만이 하실 수 있다.

한 가지만 더 이야기하고 이 부분을 끝내려고 한다. 오래전 웨일즈에 나이 많은 한 설교자가 조그마한 마을에서 열린 전도 집회에 설교자로 초청을 받았다. 회중은 이미 다 모였는데 설교자가 아직 도착하지 않았다. 그래서 그곳 목회자와 교역자들이 설교자가 묵고 있는 집으로 하녀를 보내 사람들이 기다리고 있으며, 모든 준비가 끝났다는 말을 전했다. 하녀가 다녀와서는 "그분을 방해할 수가 없었어요. 그분은 어떤 사람과 이야기하고 계셨어요"라고 말했다. 사람들은 "그것 참 이상하군. 모두 다 여기 와 있는데……. 가서 시간이 이미 지났으니 곧 오셔야 한다고 전하거라" 하고 말했다. 하녀는 다시 갔고, 돌아와서 보고를 했다.

"그분은 지금 누구와 이야기하고 계십니다."

"네가 그걸 어떻게 아느냐?"

"제가 들으니 그분이 함께 있는 어떤 사람에게 '당신이 나와 함께 가시지 않는다면 저는 가서 설교하지 않겠습니다'라고 말하고 계셨어요."

"오, 그렇다면 기다리는 게 낫겠군."

나이 많은 설교자는 성령께서 함께 가셔서 자신에게 권위와 능력을 주시지 않는 한 설교하러 가는 것은 무의미하다는 사실을 알고 있었다. 그는 자기가 권위를 가졌다는 것을, 그리고 성령께서 자신과 함께 가셔서 자신을 통해 말씀하실 것이라는 사실을 확신하기까지는 설교를 거부할 만큼 지혜로웠고, 또 그만큼 신령한 분별력을 소유하고 있었다. 그러나 많은 사람들은 흔히 성령 없이 설교를 한다. 또한 우리에게 이와 같은 성령의 권위가 부족하기 때문에 우리의 모든 현명함이나 학식, 과학, 그리고 변증학이 헛수고에 그치고 마는 것이다.

교회에서의 성령의 권위

마지막으로, 교회에서의 성령의 권위에 대해 생각해 보자. 우리는 또다시 커다란 주제와 마주하고 있다. 그러나 나는 여기서 몇 가지 중요한 사항만을 간단히 알려 줄 수밖에 없다.

성령께서는 교회에 은사들을 나누어 주신다. 고린도전서 12장을 읽어 보면 성령께서 이 일을 주권적으로 행하신다는 것을 발견하게 될 것이다. 성령께서는 자신의 뜻과 분별에 따라 이 일을 행하신다. 누구도 성령께 이렇게 하시라고 지시할 수 없다. 따라서 "지금은 교회가 병 고치는 은사, 이적의 은사를 달라고 요구해야 할 때다"라는 말을 해서는 안 된다. 우리가 요구하는 것이 아니라 성령께서 주시는 것이다. 성령께서 그분의 주권적인 뜻에 따라 나누어 주시는 것이다.

앞 장에서 정경이 생긴 과정에 대해 언급한 바 있다. 그로써 정경이 생긴 과정이 분명히 성령의 인도하심이었음을 알게 되었다. 이제는 특별히 영적 부흥에서 나타난 교회에서의 성령의 권위에 대해 생각해 보려고 한다. 이 문제를 취급할 때 우리는 세심한 주의를 기울이지 않으면 안 된다.

그러나 능력 있게 쓰임 받았던 훌륭한 하나님의 사람 찰스

피니가 '사람이 부흥 운동을 마련하고 조직할 수 있다'는 사상을 소개했다는 것은 매우 유감스러운 일이라고 생각한다. 왜냐하면 그러한 사상은 혼란의 여지가 있어 많은 사람들로 하여금 조직적인 복음 운동을 부흥인 것처럼 말하게 하고, '부흥을 개최한다'는 식의 말을 하게 만들기 때문이다. '부흥이 개최될 예정이다'라는 식의 표현은 있을 수 없다. 그것은 순전히 언어 혼란에 지나지 않으며, 아주 잘못된 길로 인도할 염려가 있다.

나는 이것이 성령을 소멸하는 행위가 될 수도 있다고 생각한다. 부흥은 결코 사람에 의해 준비되거나 조직될 수 없다. 부흥은 성령께서 권위와 능력으로 행하시는 직접적인 역사의 결과다. 부흥은 단순히 복음을 전파하고, 그 결과 많은 사람들이 회심하게 되는 것을 의미하지 않는다. 부흥은 성령께서 어떤 교회나 어떤 지역사회, 또는 어떤 지방에 능력과 권능으로, 의심의 여지가 없는 확실한 방식으로 임하셔서 사람들을 거꾸러뜨리고, 때로는 문자 그대로 그들을 땅바닥에 엎드리게 하는 것을 의미한다. 이러한 부흥은 통회와 그리스도에 대한 열망, 그리고 화평과 구원에 대한 열망으로 이끈다. 이것이 바로 부흥의 진정한 의미다.

앞서 언급했듯이 18세기에 진정한 부흥이 있었다. 그것은 매사추세츠 주 노샘프턴에서 일어난 진정한 부흥이었다. 조나단 에드워즈가 설교 원고를 손에 들고 강단에 섰다. 그가 설교를 읽어 가자 사람들이 자신의 죄와 추악한 상태에 대해 무서운 자책감에 사로잡혀 문자 그대로 마룻바닥에 거꾸러졌다. 그들은 울부짖었다.

부흥의 시기에는 한 지방에서 꼭두새벽부터 하나님과 화목하고자 골목과 큰길, 그리고 도로를 걸어 다니면서 울부짖는 사람들을 흔히 볼 수 있었다. 그들은 목회자의 집을 찾아가 문을 두드리면서 "저를 이 괴로움에서 구해 줄 수 없습니까?" 하고 물었다. 그들은 자신의 죄를 확신했고, 거룩하고 전능하신 하나님 앞에서 스스로 죄인임을 깨달았던 것이다. 그들은 지옥의 공포에 두려워 떨었다. 이러한 일들이 언제나 부흥의 특징들로 나타났다.

부흥의 때에는 사람들이 집회에 도착하기도 전에 회심하는 일이 종종 일어났다. 예배에 참석하러 걸어가는 동안에 성령께서 임하시기도 했다. 들에서 일하던 사람들도 별안간 어쩔

수 없는 힘에 굴복당해 무릎을 꿇고 하나님께 불쌍히 여겨 달라고 울부짖었다. 하나님의 성령께서 널리 부어지사 권위와 능력으로 임하신 것이다. 이러한 일들만큼 성령의 권위를 명백히 보여 주는 것은 없다.

오랜 교회 역사를 하나의 그래프 형태로 묘사할 수 있다. 이 그래프는 오순절 날 일어난 놀라운 부흥에서 출발한다. 시간이 지나면서 그 능력이 사라진 것처럼 보였고, 교회는 밑바닥까지 하락했다. 마귀와 세상은 공격을 그치지 않았고, 모든 것이 끝나 버린 것 같았다. 교회는 권위도, 능력도 가지지 못했으며, 사람들은 절망했다. 그런데 별안간 또다시 하나님이 그분의 성령을 쏟아부으셨다. 놀라운 부흥이 있었고, 교회는 또 한 번 파도의 정점에까지 다다랐다.

이것이 교회 역사가 진전되어 온 과정이다. 교회 역사는 꾸준하게 수평을 이루지 않았다. 우리는 그렇게 되기를 바랐을지 몰라도 결코 그래 본 적이 없다. 교회 역사는 언제나 흥하고 쇠하기를 거듭해 왔다. 흥한 시기는 부흥, 즉 성령의 부으심의 때였다. '부으심'이라는 단어는 사도행전 2장과 여타 모든 곳에서 사용되고 있는 말이다. 강력한 성령의 부으심이 있을 때 사람들은 평생 동안의 성경 연구와 경건 서적에서 배운 것보다 부흥 집회에서 단 한 시간 동안 하나님과 예수 그리스도에 대해 배운 것이 더 많았다고 증언했다.

여기에는 아주 놀라운 무언가가 있다. 시편을 보면 "하늘에 계신 이가 웃으심이여"(시 2:4)라는 말씀이 있다. 나는 하나님이 때때로 교회를 보고 웃으신다고 믿는다. 하나님은 우리가 손을 뻗어 교회라는 방주를 굳건히 하려는 모습을 보고 계신다.

우리는 우리만이 이 일을 할 수 있다고 생각한다. 우리는 이 일에 큰 관심을 가진다. 그래서 집회를 개최하고, 제안들을 내놓는다. 그러나 이것들은 결국 헛수고가 되고 만다. 그러다가 우리가 아주 지쳐 버렸을 때, 우리의 모든 조직적 운동이나 집회들과 화려한 조직에도 불구하고, 또한 돈을 있는 대로 다 썼음에도 불구하고 사정이 여전히 악화일로에 있을 때, 그때 하나님은 기대하지 않은 곳에서, 기대하지 않은 인물을 통해 갑자기 성령을 쏟아부으신다. 그러면 교회는 영광과 능력과 영향력의 새 시대에 이르게 된다. 많은 사람들이 무더기로 회심하고, 진리의 능력이 또다시 그들 위에 임한다. 성령께서 부흥으로 교회 가운데 자신의 권위를 나타내신다.

결국 우리는 어떤 결론에 도달하게 되는가? 우리의 실제적인 노력과 연구를 계속해 나가자. 그러나 결코 그것들을 의지하지는 말자. 가능한 한 갖출 수 있는 것은 다 갖추도록 하자. 우리는 아무리 해도 사도 바울이나 어거스틴, 루터나 칼빈만큼 유능하고 학식을 갖추지는 못할 것이다. 그들은 많은 학식과 위대한 지성을 소유한 사람들이었다. 하나님이 교회 역사상 큰일을 행하실 때는 바로 그러한 사람들을 쓰시는 것 같다. 어쨌든 우리는 계속 지식을 추구하며, 가능한 한 모든 것을 완전하게 구비해야 한다.

그러나 결코 거기서 멈추지는 말자. 성령의 권위와 능력이 없다면 이것들은 아무 소용이 없다는 사실을 깨달아야 한다.

> "내가 사람의 방언과 천사의 말을 할지라도 [성령의 열매인] 사랑이 없으면 소리 나는 구리와 울리는 꽹과리가 되고"(고전 13:1).

내가 어떤 사람이며, 무엇을 할 수 있는가는 중요하지 않다. 이것은 내게 아무런 소용이 없다. 오직 나에게 필요한 것은 성령의 권위다.

그런데 나를 슬프게 하는 것은 오늘날 어떤 그리스도인도, 심지어 복음주의 그리스도인조차도 부흥을 위해 기도하는 소리를 거의 들어 볼 수 없다는 사실이다. 그들은 무엇을 위해 기도하는가? 그들은 본국이나 해외에서 벌이는 조직적 사업을 위해 기도한다. 전형적인 기도 모임에서 일어나는 일은 이렇다. "먼저 보고를 들읍시다"라고 의장이 말한다. 보고를 들은 후 "이 일에 대해 기도합시다"라고 말한다. 우리는 큰 복음 운동이든 해외 선교든 우리가 하고 있는 일에 대해서만 축복해 주시기를 기도한다. 물론 이것은 옳은 일이며, 당연히 해야 한다. 그러나 문제는 언제나 우리 자신과 우리가 하는 일에서 출발해 그것을 축복해 달라고 하나님께 기도한다는 데 있다.

부흥을 위해 기도하는 소리를 들은 때가 언제인가? 하나님이 하늘 창을 여시고 성령을 부어 주시기를 간구하는 기도를 마지막으로 들은 때가 언제인가? 당신은 부흥을 위해 기도해 본 지 얼마나 되었는가?

나는 여기서 우리가 부흥에 대한 기도를 매우 소홀히 하고 있음을 심각하게 지적하고자 한다. 우리는 성령의 권위를 망각하는 죄를 범하고 있다. 이는 우리 자신과 스스로의 활동에 관심을 쏟은 나머지 우리를 능력 있게 만들어 주는 유일한 것을 망각해 버린 것이다.

물론 특별한 사업을 위해, 목회자와 주일 설교를 위해, 그리고 원한다면 모든 주요 기관과 복음 운동을 위해 계속 기도하자. 그러나 이 모든 것 앞에, 그리고 이 모든 것 뒤에 부흥을 위해 기도하며 간구하자. 하나님이 부흥을 일으키시면 우리의 모든 조직이 50년 동안 할 수 있는 일보다 더 많은 일이 하루 아침에 이루어질 수 있다. 이것은 오랜 교회 역사에서 명백히 드러난 순전한 역사적인 판단이다. 이것이야말로 오늘날 우리에게 가장 필요한 것이며, 참으로 유일한 희망이다. 따라서 우리는 날마다 하루에 몇 차례씩이라도 하나님 앞에서 부흥을 위해 간구하기로 결심해야 한다.

그러나 어리석은 우리는 스스로 노력하다가 힘이 다하고 더 이상 어찌 할 수 없을 때까지는 결코 그렇게 하지 않을 것이다. 모든 수단과 방법이 실패하고, 자신의 전적인 무능함을 깨달을 때, 그리고 "나를 떠나서는 너희가 아무것도 할 수 없음이라"(요 15:5)라는 주님의 말씀이 진리임을 깨달을 때에야 비로소 그렇게 할 것이다.

과거에 예기치 않게 갑자기 임하셔서 죽어 가는 교회를 생명과 승리의 새 시대로 끌어올리신 하나님이 지금도 같은 일을 행하실 수 있으며, 하나님의 팔이 짧아지지 않았고, 그 능력이 결코 줄어들지도 않았다는 사실을 상기하자. 하나님을 기다리자. 그분께 간구하자. 필사적으로 기도하는 방법을 배우자. 그래서 이 기도를 드리자.

"오 주여, 주의 일을 부흥케 하옵소서. 능력의 팔을 걷으소서. 죽은 자를 일깨우시는 그 음성으로 말씀하소서. 그리하여 주의 백성으로 하여금 듣게 하옵소서."

> "여호와여 내가 주께 대한 소문을 듣고 놀랐나이다 여호와여 주는 주의 일을 이 수년 내에 부흥하게 하옵소서 이 수년 내에 나타내시옵소서 진노 중에라도 긍휼을 잊지 마옵소서"(합 3:2).

사명선언문

너희가 흠이 없고 순전하여……세상에서 그들 가운데 빛들로
나타내며 생명의 말씀을 밝혀 _ 빌 2:15-16

1. 생명을 담겠습니다
만드는 책에 주님 주신 생명을 담겠습니다.
그 책으로 복음을 선포하겠습니다.

2. 말씀을 밝히겠습니다
생명의 근본은 말씀입니다.
말씀을 밝혀 성도와 교회의 성장을 돕겠습니다.

3. 빛이 되겠습니다
시대와 영혼의 어두움을 밝혀 주님 앞으로 이끄는
빛이 되는 책을 만들겠습니다.

4. 순전히 행하겠습니다
책을 만들고 전하는 일과 경영하는 일에 부끄러움이 없는
정직함으로 행하겠습니다.

5. 끝까지 전파하겠습니다
모든 사람에게, 땅 끝까지, 주님 오시는 그날까지
복음을 전하는 사명을 다하겠습니다.

서점 안내

광화문점	서울시 종로구 새문안로 69 구세군회관 1층 02)737-2288 / 02)737-4623(F)
강남점	서울시 서초구 신반포로 177 반포쇼핑타운 3동 2층 02)595-1211 / 02)595-3549(F)
구로점	서울시 동작구 시흥대로 602, 3층 302호 02)858-8744 / 02)838-0653(F)
노원점	서울시 노원구 동일로 1366 삼봉빌딩 지하 1층 02)938-7979 / 02)3391-6169(F)
일산점	경기도 고양시 일산서구 중앙로 1391 레이크타운 지하 1층 031)916-8787 / 031)916-8788(F)
의정부점	경기도 의정부시 청사로47번길 12 성산타워 3층 031)845-0600 / 031)852-6930(F)
인터넷서점	www.lifebook.co.kr